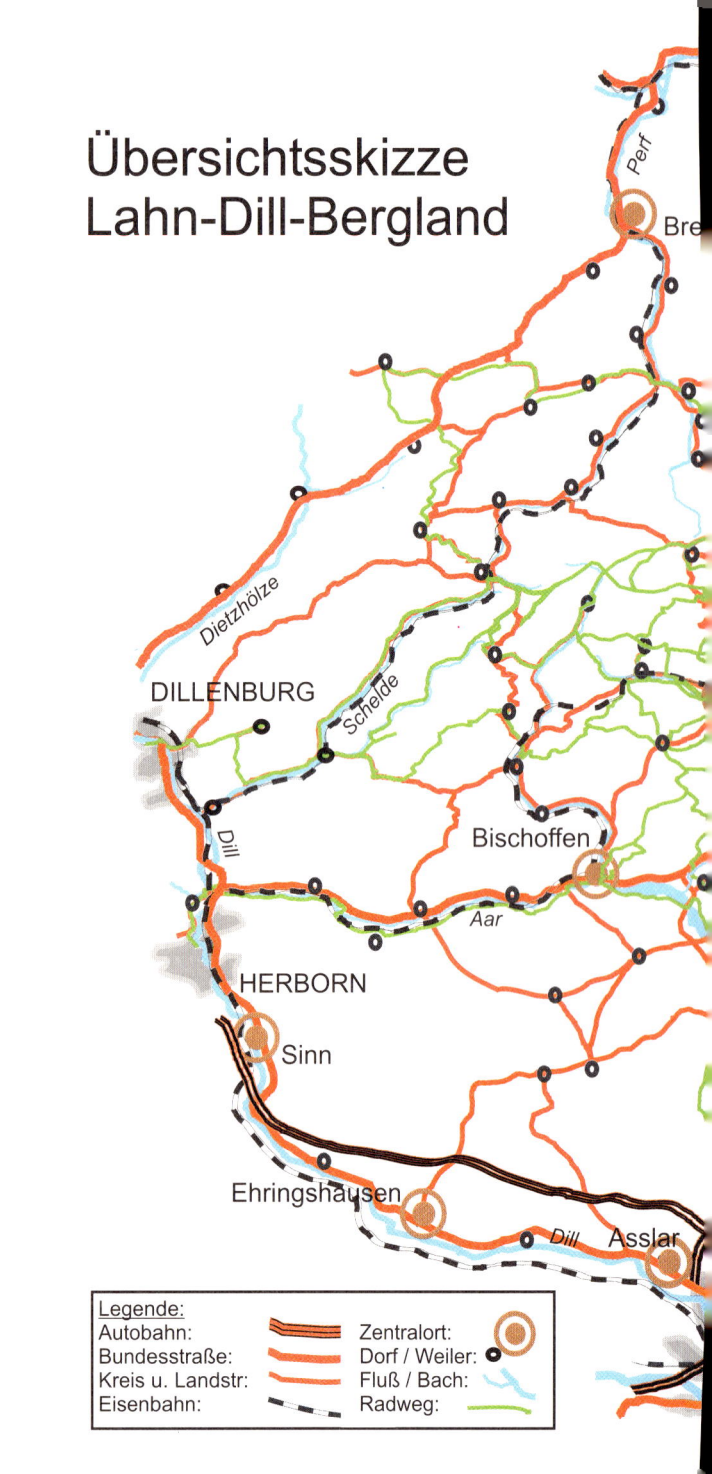

Übersichtsskizze Lahn-Dill-Bergland

Perf
Bre
Dietzhölze
DILLENBURG
Schelde
Dill
Bischoffen
Aar
HERBORN
Sinn
Ehringshausen
Dill Asslar

Legende:
Autobahn:
Bundesstraße:
Kreis u. Landstr:
Eisenbahn:
Zentralort:
Dorf / Weiler:
Fluß / Bach:
Radweg:

Biedenkopf

Lahn

MARBURG

Cölbe

Gladenbach

Allna

Niederweimar

dbach *Salzböde* Lohra

Fronhausen

Lahn

Stauffenberg

Lollar

GIESSEN

Heuchelheim

Lahn

WETZLAR

Thomas Meyer
Radtouren im Lahn-Dill-Bergland

Thomas Meyer

Radtouren im Lahn-Dill-Bergland

HITZEROTH

Umschlagfoto: Uwe Brock
Das Titelfoto entstand westlich von Günterod (bei Bad Endbach)
mit Blick in Richtung Mellberg

Fotos im Innenteil: Petra Schapner

Die Deutsche Bibliothek – CIP-Einheitsaufnahme

Meyer, Thomas: Radtouren im Lahn-Dill-Bergland/
Thomas Meyer. - Marburg: Hitzeroth, 2000
ISBN 3-89616-205-5

1. Auflage 2000
© 2000 by Hitzeroth Buchverlag, Marburg
Umschlaggestaltung: Gertrud Nagel
Satz u. Redaktion: KELLS Text- u. Verlagsbüro, Marburg
Druck: Kempkes, Gladenbach
Printed in Germany
Alle Rechte vorbehalten
ISBN 3-89616-205-5

Inhalt

Vorbemerkung 7

Rundwege

1. Durchs »Obergericht« – Die Ortsteile der 13
Gemeinde Bad Endbach
Bad Endbach – Hütte – Dernbach – Bottenhorn – Hülshof – Schlierbach – Wommelshausen – Hütte – Bad Endbach – Hartenrod – Günterod – Bad Endbach

2. Der »Salzweg« – Zu den Salzquellen von 29
Lohra und Mornshausen
Bad Endbach – Günterod – Bischoffen – Ahrdt – Niederweidbach – Wilsbach – Weipoltshausen – Reimershausen – Damm – Lohra – Mornshausen – Erdhausen – Weidenhausen – Hütte – Bad Endbach

3. Der »Burgenweg« – Festungen an der 45
Hessisch-Nassauischen Grenze
Bad Endbach – Weidenhausen – Gladenbach – Kehlnbach – Römershausen – Dernbach – Obereisenhausen – Niedereisenhausen – Oberhörlen – Niederhörlen – Simmersbach – Hirzenhain – Bahnhof Hirzenhain – Tringenstein – Wallenfels – Hartenrod – Bad Endbach

4. Der »Hegeweg« – Mittelalterliche 65
Grenzbefestigungen im Lahn-Dill-Bergland
Bad Endbach – Günterod – Hartenrod – Wallenfels – Bottenhorn – Dernbach – Hütte – Bad Endbach

5. Der »Mühlenweg« – Mühlen in den 75
Tälern von Salzböde und Allna
Bad Endbach – Weidenhausen – Erdhausen – Mornshausen – Lohra – Damm – Reimershausen – Oberwalgern – Holzhausen – Stedebach – Kehna – Allna – Friebertshausen – Frohnhausen – Sinkershausen – Gladenbach – Kehlnbach – Römershausen – Hütte – Bad Endbach

6. Der »Grubenweg« – Die Bergwerke 93
im Schelderwald
Bad Endbach – Hartenrod – Schlierbach – Bahnhof – Hirzenhain – Oberscheld – Tringenstein – Hartenrod – Bad Endbach

7. Die »Natur-Tour« – Geobotanische 109
Exkursion zum Rimberg
Bad Endbach – Hütte – Römershausen – Runzhausen – Bellnhausen – Damshausen – Herzhausen – Holzhausen – Dernbach – Bad Endbach

Zielwege –
Die Städte am Rande des Lahn-Dill-Berglandes

8. Durch's Allna-Bergland – Über Berg und Tal 131
nach Marburg
Bad Endbach – Hütte – Römershausen – Sinkershausen – Weitershausen – Nesselbrunn – Elnhausen – Wehrshausen – Marbach – Marburg

9. Die »Aartalroute« – Auf dem Weg durch 143
das Aartal nach Herborn
Bad Endbach – Günterod – Bischoffen – Offenbach – Bicken – Ballersbach – Seelbach – Burg – Herborn

10. Durch den Schelderwald in die 153
Oranierstadt Dillenburg
Bad Endbach – Hartenrod – Eisemroth – Oberndorf – Oberscheld – Eibach – Dillenburg

11. Durch's Hohensolmser Land in die 165
alte Reichsstadt Wetzlar
Bad Endbach Günterod – Niederweidbach – Mudersbach – Großaltenstädten – Hermannstein – Niedergirmes – Wetzlar

Literatur 176

Vorbemerkung

Seitdem die Gangschaltung zur Standardausrüstung des Fahrrades gehört, entdecken Radler zunehmend die Mittelgebirgsregionen. Dies eröffnet auch neue Möglichkeiten zur »Erfahrung« des Lahn-Dill-Berglandes, einer Region von – im Vergleich zu anderen Mittelgebirgslandschaften – einmaligem Tier- und Artenreichtum, deren Garant auch künftig die extensive Landwirtschaft ist. Die ursprüngliche Berg- und Tälerregion und alte traditionsreiche Städte in den umliegenden Flußtälern von Lahn und Dill werden – ausgehend von Bad Endbach, ihrem geographischem Zentrum – durch thematisch gegliederte Rund- und Zieltouren zwischen 23 und 63 km Länge erschlossen. Die reizvollen Routen abseits viel befahrener Autostraßen bieten nicht nur in der Länge der Strecke, sondern auch in den zu bewältigenden Höhenmetern reichliche Auswahlmöglichkeiten.

Jedes Kapitel des Radwanderführers umfaßt eine Kartenskizze, ein Höhenprofil mit Angaben der Streckenlänge sowie der Höhenmeter und eine Streckenbeschreibung. Nach einigen stichwortartigen Informationen über die allgemeinen Eigenschaften der Wegstrecke erfolgt eine kurze Einleitung in das Thema der Route. Daran schließt die Streckenbeschreibung an. Die reine Wegbschreibung wird um detaillierte Informationen über Wissenswertes aus der Region und Sehenswürdigkeiten am Wege ergänzt. Anekdoten und Überlieferungen aus dem Lahn-Dill-Bergland vermitteln ein lebendiges Bild der Menschen und ihrer Vergangenheit. Eine Fülle von Kontaktadressen ermöglicht es, sich direkt an Menschen aus der Region zu wenden, auf diesem Wege Informationen aus erster Hand zu beziehen und sich einen sinnlichen Eindruck von Kultur und Landschaft zu verschaffen.

Als zusätzliche Orientierungshilfe und Informationsmittel sei an dieser Stelle ergänzend auf die Topographische Freizeitkarte Lahn-Dill (1 : 50.000) des hessischen Landesvermessungsamtes verwiesen.

Erlebnisregion Lahn-Dill-Bergland

Das Lahn-Dill-Bergland bildet eine alte Natur- und Kulturlandschaft zwischen den Flüssen Lahn und Dill, die sich aus einem bunten Mosaik von Magerrasen, Streuobstwiesen, Äckern, Feldgehölzen, Niederwäldern, Bächen, Talauen und kleinen Dörfern und Weilern zusammensetzt.

Die Lahn entspringt nahe Feudingen im Rothaargebirge. Von ihrer Quelle fließt der junge Fluß in westöstlicher Richtung bis zum sogenannten Lahnknie bei Cölbe. Von nun an wendet sie sich nach Süden, um nach ca. 30 km bei Gießen erneut ihre Laufrichtung zu ändern. Jetzt strebt sie von Ost nach West fließend dem Rhein zu. Bei Wetzlar nimmt sie dabei die Dill auf, deren tief eingekerbtes, von Norden nach Süden verlaufendes Tal, den Westerwald im Westen, vom östlich aufragenden kuppenreichen Bergland trennt. Der Gebirgskomplex in dem Viereck zwischen den beiden Flüßen wird als »Lahn-Dill-Bergland« oder auch »Gladenbacher Bergland« bezeichnet. Große Teile davon, nämlich der ehemalige Kreis Biedenkopf, werden volkstümlich »Hinterland« genannt. Dieser Begriff weist auf die einstige Zugehörigkeit dieser Region zu Hessen-Darmstadt hin, dessen nördlichsten Zipfel das Hinterland bildete.

Der Naturraum Lahn-Dill-Bergland bildet die Südostabdachung des Rheinischen Schiefergebirge gegen die hessische Senke und das Lahntal. Von der Angelburg mit ca. 600 m über NN bis zur Lahn im Osten (ca. 170 m über NN) überwindet man einen Höhenunterschied von mehr als 400 m. Der geologische Unterbau aus verschiedensten Gesteinen bewirkt eine Gliederung in ein waldreiches teils plateauartiges, teils stark zertaltes, klimatisch rauhes Hochland im Westen und ein lieblicheres und offeneres Hügelland im Osten. Kennzeichnend für die Oberflächenformen des Raumes ist das sehr lebhafte Relief, das die isolierten Erhebungen, die steilen, teils bewaldeten Kuppen und die tief eingeschnittenen Kerbtäler bilden. Klima und Böden ließen das Bergland für die Landwirtschaft seit je nur sehr bedingt geeignet erscheinen. Die mosaikartige Verbreitung der Bodentypen und das lebhafte Relief führt zu einem abwechslungsreichen Verhältnis zwischen Acker und Grünland einerseits und offenem Feld und Wald andererseits.

Das von Lahn und Dill eingerahmte Viereck umfasst eine Fläche von ca. 1.200 km². Der Raum wird durch die Grenze zwischen den hessischen Kreisen Marburg-Biedenkopf im Nordosten und dem Lahn-Dill-Kreis im Südwesten administratorisch gegliedert. Im Südosten reicht zudem der Kreis Gießen knapp ins Lahn-Dill-Bergland hinein. Etwa 110.000 Menschen leben in der Region. Die modernen Kreisgrenzen orientieren sich an historischen Entwicklungsprozessen, die bis weit in das Mittelalter hineinreichen.

Die Betrachtung der Historie des Lahn-Dill-Bergland macht deutlich, warum es – bei aller Zentralität im deutschen wie auch im europäischen Kontext – bis heute eine eher periphäre Existenz führt. Schon vor Beginn der Industrialisierung im 19. Jahrhundert stellte das Hinterland einen traditionellen Raum der Nebenerwerbslandwirtschaft dar. Im 18. Jahrhundert arbeitete die Schicht der Kleinbauern als Waldarbeiter, Köhler und Fuhrleute in umliegenden Wäldern und Hütten. Auch Spinnerei und Strickerei waren in den Dörfern weit verbreitet. Im 19. Jahrhundert begannen zusätzlich saisonale Wanderungen in die Industriereviere des Siegerlandes und des Ruhrgebietes. Die Erzgruben des Schelderwaldes und die Hütten im Dilltal gaben den Menschen innerhalb der Region neue Beschäftigungsmöglichkeiten. Doch reichen die Wurzeln der Montanindustrie tiefer in die Vergangenheit. zu Beginn des Zwanzigsten Jahrhunderts vollzog sich der Strukturewandel von der Erzverhüttung zum Gießereiwesen. Die Ausbildung einer Industriearbeiterschaft blickt auf eine längere Tradition zurück als in vielen anderen, insbesondere ländlich geprägten Räumen. Die Ursachen hierfür sind mannigfaltig: Neben den ungünstigen natürlichen Bedingungen bewirkte etwa das Realerbteilrecht schon vor langer Zeit eine unrentable Zersplitterung der landwirtschaftlich nutzbaren Böden. Die solchermaßen skizzierten Verhältnisse führten schon im 19. Jahrhundert zur Bildung einer Arbeiterbauernschaft. Nachdem die Industriearbeit für die Menschen im Lahn-Dill-Bergland lange Zeit Garant für Broterwerb und Wohlstand bedeutete, treten durch jüngste, strukturelle Veränderungen der gesamtdeutschen Industrie und Landwirtschaft auch im Lahn-Dill-Bergland tiefgreifende Probleme auf. Bei der Bewältigung dieser Probleme gilt es zu beachten, daß der Erhaltung der kleinteiligen, ökologisch wertvollen Kulturlandschaft eine hohe Bedeutung zukommt. Denn bis heute ist das Lahn-Dill-Bergland ein ländlicher Raum, der sich durch seine besonderen kulturellen und naturräumlichen Eigenheiten klar von anderen Regionen absetzt.

An dieser Stelle möchte ich Herrn Bürgermeister Jochen Becker aus Bad Endbach und meiner Frau Ayla danken. Erster gab mir den Auftrag zum Schreiben dieses Radwanderführers, letztere begleitete den Entstehungsprozeß des Buches kritisch, aber konstruktiv.

Auch Frau Petra Schapner, der die Fotos zu verdanken sind, gebührt mein besonderer Dank.

Legende:

Gewässer:	Sonderzeichen:
Bach	Mühle
Fluß	Bergwerk
See / Stillgewässer	Burgruine

Verkehrswege:	
Autobahn	
Bundesstraße	Siedlungen:
Land- und Kreisstraßen	Weiler
Wald- und Feldwege	Hauptort
Eisenbahn	STADT

| Kuppe |
| Steinbruch |

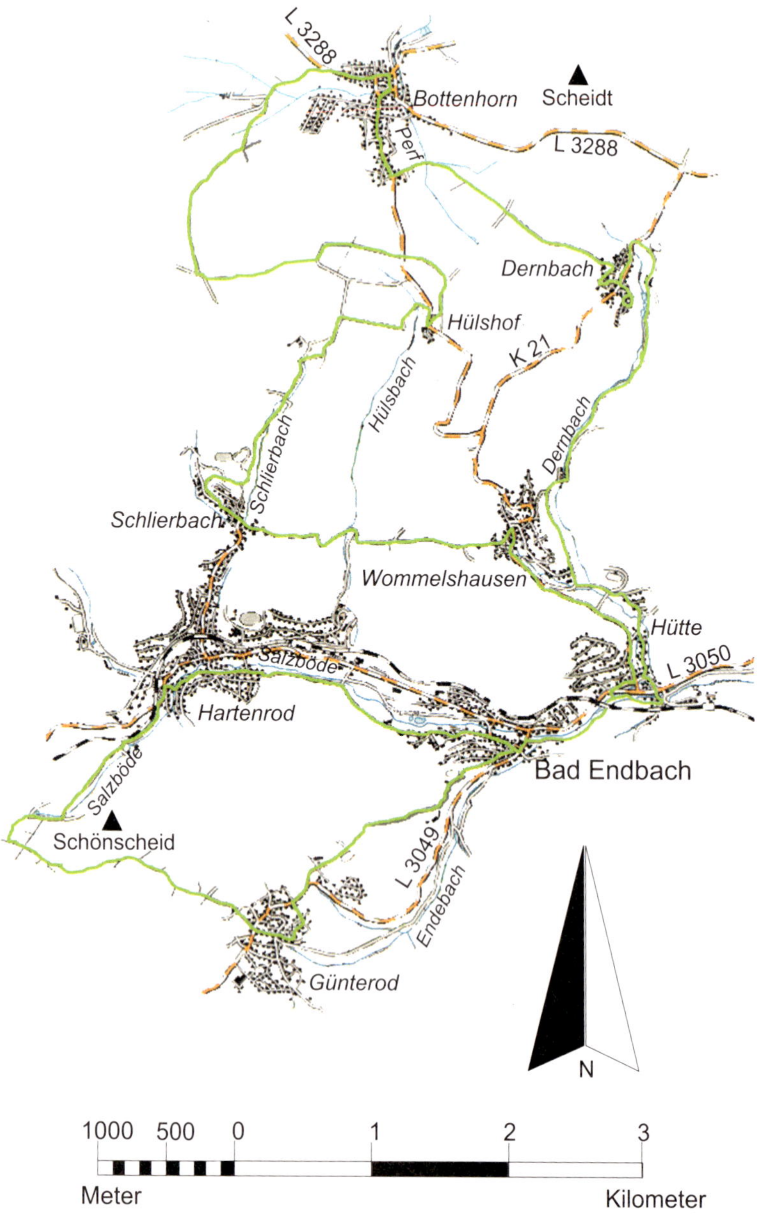
L 3288
Bottenhorn
Scheidt
Perf
L 3288
Dernbach
Hülshof
K 21
Hülsbach
Schlierbach
Schlierbach
Dernbach
Wommelshausen
Hütte
L 3050
Salzböde
Hartenrod
Bad Endbach
Salzböde
Schönscheid
L 3049
Endebach
Günterod
N
1000
500
0
1
2
3
Meter
Kilometer

1. Durch's »Obergericht« – Die Ortsteile der Gemeinde Bad Endbach

Bad Endbach – Hütte – Dernbach – Bottenhorn – Hülshof – Schlierbach – Wommelshausen – Hütte – Bad Endbach – Hartenrod – Günterod – Bad Endbach

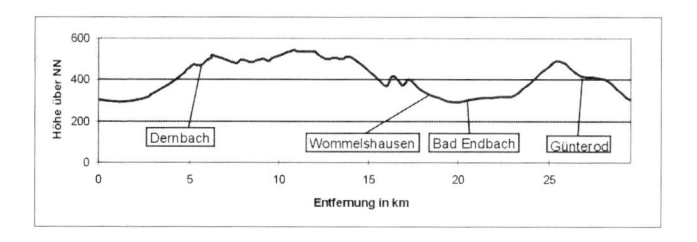

Ausgangspunkt: Kur- und Bürgerhaus Bad Endbach
Endpunkt: Kur- und Bürgerhaus Bad Endbach
Distanz: ca. 29 km
Bewertung: mittel

Hinweise: Die Verteilung der Ortsteile der Gemeinde Bad Endbach in den Tallagen der Salzböde und auf den Hochflächen südlich und nördlich des Tales machen die Überwindung längerer Steigungs- bzw. Gefällstrecken unausweichlich, wenn man die gesamte Gemeinde mit dem Fahrrad erkunden will. Besonders große Höhenunterschiede weisen die Anstiege vom Ortsteil Hütte bis auf die Bottenhorner Hochfläche und von Hartenrod bis zum »Schönscheid« auf.

Die erste Route unseres Radwanderführers wird uns durch die Ortsteile der im Zuge der Gebietsreform Mitte der 70er Jahre neu

entstandenen Flächengemeinde Bad Endbach führen. In diesem Zusammenhang wollen wir einen Blick auf das weitgehend identische Schicksal der Bad Endbacher Ortsteile werfen:

Nachdem es den hessischen Landgrafen bis zum Ende des Mittelalters gelungen war, ihren territorialherrlichen Einfluß über die Täler und Berge des nordöstlichen Berglandes zwischen Lahn und Dill zu festigen, mußten sie eine funktionsfähige Lokalverwaltung aufbauen, um ihre Gerichts- und Steuerhoheit nutzen zu können. Aus diesem Grunde teilten sie das Salzbödetal und seine Ortschaften in ein »Ober«- und ein »Untergericht Blankenstein«.

Der Blankenstein war eine Burg oberhalb Gladenbachs, von der aus ein vom Landgrafen eingesetzter Amtmann das Salzbödetal verwaltete. Der Verwaltungs- und Gerichtsbezirk dieses Amtmanns gliederte sich wiederum in das Untergericht mit dem Zentralort Gladenbach und das Obergericht mit dem Zentralort Hartenrod. Das Obergericht – schon in der Frühzeit der Landgrafschaft Hessen entstanden – wurde zu einem Raum, der bis heute eine geschlossene Einheit bildet. Aufgrund der intensiven Kontakte entwickelten sich ein gemeinsamer Dialekt, gemeinsame Sitten und gemeinsame Bräuche. Das »Obergericht« deckt sich mit den Abgrenzungen der modernen Flächengemeinde Bad Endbach.

Wir machen uns vom Kur- und Bürgerhaus auf den Weg und überqueren die »Herborner Straße«. Auf dem »Bornweg« fahren wir bachabwärts. Kurz hinter dem Gemeindehaus der »Freien evangelischen Gemeinde« endet mit der Bebauung auch die asphaltierte Straße und geht in einen guten Weg mit wassergebundener Decke über. Bald schaut man vom schattigen Waldrand hinüber zur »Krebsmühle«, dann führt der Weg unter dem denkmalgeschützten, zwischen 1899 und 1901, größtenteils in Buntsandstein, errichteten, Eisenbahnviadukt hindurch. Leider ruht der Reisezugverkehr auf

Der Endbacher Viadukt

der landschaftlich sehr reizvollen Strecke Niederwalgern – Hartenrod seit Ende Mai 1995. Ein weiterer kleinerer Natursteinviadukt befindet sich an der Einmündung des Wildbachtals in das Salzbödetal. Hier hält man sich links und überquert zunächst die Salzböde und dann die L 3050, um in die »Uferstraße«, in der zu Wommelshausen gehörenden Siedlung Hütte zu gelangen.

Der ursprüngliche Standort der ehemaligen Schmelzhütte, nahe der Mündung des Dernbaches in die Salzböde, entspricht mit hoher Wahrscheinlichkeit dem Standort der **Hüttner Mühle**, die wir zur Linken in der Aue des Dernbaches sehen. In dem mittelalterlichen Hüttenbetrieb ist auch der Ursprung der Siedlung zu suchen. Die heutige Siedlung stellt ein lokales Kuriosum dar, liegt doch der östliche Teil in der Gemarkung des Ortsteils Wommelshausen, während der deutlich jüngere Westteil zu Bad Endbach gehört. Bis heute findet die Grenzziehung inmitten der Siedlung ihren Niederschlag: die Kinder des zu Wommelshausen gehörenden Teils gehen zur Schule nach Weidenhausen, während die Bad Endbacher Kinder die Hartenroder Schule besuchen.

Gleich an der nächsten Straße biegen wir wieder rechts ab. An dieser Ecke liegt auf der rechten Seite das alte, liebevoll restaurierte Backhaus. Zur Erntezeit wird hier das Backhausfest »auf der Hütte« gefeiert.

Zwischen alten Fachwerkhäusern folgen wir nun der »Brühlstraße« bergauf. Am Ende der »Brühlstraße« biegt man rechts ab und überquert eine Brücke. Weiter geht es durch eine Neubausiedlung, bis man vor dem Sportplatz scharf links einbiegt.

Wir befinden uns im »Weidenhäuser Weg«, dem man in Richtung Wommelshausen folgt. Sehr imposant wirkt die etwa 400 Jahre alte »Dicke Eiche« am linken Wegrand. Ebenfalls zur Linken schlängelt sich von Erlen beschattet der Dernbach durch die Wiesenflur.

Vor den ersten Häusern von Wommelshausen verlassen wir den »Weidenhäuser Weg« und folgen dem Tal links des Baches weiterhin bergauf. Den Ort Wommelshausen lassen wir dabei links liegen.

Nach ca. 600 m kreuzt der Weg nahe des kleinen Wommelshausener Kurparks den Bach. Wir radeln rechts des Baches den Waldrand entlang. Zur Linken liegt die einsame Hintermühle.

Nach weiteren 200 m zieht sich die Asphaltstraße rechts den Berghang hinauf. Wir verbleiben jedoch auf dem von nun an geschotterten Weg am Grunde des schattigen Kerbtals.

Die weißen Fassaden der Häuser von Dernbach schimmern bereits durch den Buchenwald, wenn man die beschaulichen Fischteiche im oberen Dernbachtal erreicht.

Bald stoßen wir wieder auf eine asphaltierte Straße. Links einbiegend fahren wir unterhalb des Dernbacher Sportplatzes entlang. Nach wenigen Metern steilen Anstiegs gelangen wir auf den Damm der K 21. Dort biegen wir ebenfalls links ab und fahren nach Dernbach hinein.

Die älteste schriftliche Quelle von **Dernbach** reicht in das Jahr 1233 zurück. Die Begründer der Siedlung, die Ritter von Dernbach, spielten eine bedeutende Rolle in der Frühzeit des Landes Hessen.

Im Verlauf der mehr als 100 Jahre währenden »Dernbacher Fehde«, in der die Dernbacher gegen die Herren von Nassau standen, errichteten sie im Jahre 1350 auf dem Sporn über dem Dernbachtal eine Burg. Diese bildete die Keimzelle des späteren Bergdorfes. Die Dernbacher wählten die Landgrafen von Hessen zu Lehnsherren, um sich eines starken Verbündeten im Kampf gegen die Nassauer zu vergewissern.

Im Ort stoßen wir auf eine Kreuzung, an der wir links in die »Burgstraße« einbiegen. Wir folgen dem kurvenreichen Verlauf der Straße und erblicken zu unserer Linken zwischen den alten Fachwerkhöfen, die sich hier um eine kleine Kuppe drängen, die Mauerreste sowie einen übriggebliebenen Pfeiler der Burg. Schließlich stößt die »Burgstraße« auf die Straße »Am Eichenwäldchen«. Über die Treppe zur Linken können wir den Bergfried erklimmen. Wieder auf dem Rad umrunden wir die Burgruine und gelangen schließlich zurück zur K 21. Sie wird überquert, um auf der Serpentinenstraße »Am alten Friedhof« an den oberen Rand des Dorfes zu gelangen.

An einem Sägewerk knickt die Straße nach links ab. Wir wenden dem Ort nun den Rücken zu.

Hat man nach dem langen Anstieg das geschützte Tal verlassen, geht es auf der sanft gewellten Bottenhorner Hochfläche weiter Richtung Westen.

Vor uns liegt, die gesamte Hochfläche weithin beherrschend, der Sendeturm auf der 609 m hohen »Angelburg«. Rechts fallen die beiden großen Windräder auf der »Scheidt«, einer kahlen Erhebung östlich des Dorfes Bottenhorn, ins Auge. Auch zur Linken ist eine Windkraftanlage zu sehen. Hier macht sich der Mensch die oft sehr hohen Geschwindigkeiten der über die ungeschützte Höhe hinwegsausenden Westwinde zur Stromerzeugung zunutze.

Die Anlagen des **Windpark Bottenhorn** verfügen über eine Nennleistung von 600 kW. Die Rotorblätter besitzen bei einer Nabenhöhe von 50 m einen Durchmesser von 44 m.

Die Anlagen sind im Besitz einer Betreibergesellschaft und konnten nach zweijähriger Planungszeit im Dezember 1996 in Betrieb genommen werden. Sie produzieren immerhin mehr als zwei Millionen kWh Strom im Jahr und versorgen damit fast 700 Haushalte.

An der nächsten Wegkreuzung fahren wir weiterhin geradeaus in westlicher Richtung. Die letzten 600 m bis zum Erreichen der L 3288 legen wir auf einem geschotterten Wegstück zurück, das vor allem im Bereich der Neubausiedlung zahlreiche Schlaglöcher aufweist. An der Landstraße (L 3049), es ist die »Bottenhorner Straße«, die Bottenhorn mit dem Salzbödetal verbindet, biegen wir rechts ab, um dem Ortskern von Bottenhorn einen kleinen Besuch abzustatten.

Das 1.300 Einwohner zählende **Bottenhorn** ist seit 1964 staatlich anerkannter Erholungsort. Markant fällt in dem fast 700 Jahre alten Dorf, das mit 485 m über NN die höchstgelegene Ortschaft des Kreises Marburg-Biedenkopf bildet, die ausgeprägte Verwendung von Schiefer – seit den sechziger Jahren leider häufig durch Eternitplatten ersetzt – als Bedachung und Wandverkleidung ins Auge. Der schwarze Schiefer bietet auf der zugigen und kalten Hochfläche den besten Schutz vor den Widrigkeiten des Wetters.

Wir folgen der »Bottenhorner Straße«, bis im Ortszentrum links eine kleine Gasse abzweigt. Die »Kreuzstraße« führt zwischen alten Fachwerkhäusern hindurch, um schließlich auf die »Kirchstraße« zu treffen, einer Einbahnstraße, der wir in Fahrtrichtung folgen.

Die Bottenhorner Dorfkirche
ist besonders sehenswert und wurde 1887 eingeweiht. Der dunkle Bottenhorner Grünstein des Mauerwerks kontrastiert sehr schön mit den in Buntsandstein abgesetzten Fenstern und Abdeckungen.
Uhrensammlung
Auch die Uhrensammlung des Herrn Pitzer gilt als sehenswert. Sie ist nach Voranmeldung zu besuchen.
Kontakt: Herr Pitzer, Steinackerweg, Bottenhorn, Tel.: 06464/7551

Nachdem wir nun das Dorf erkundet haben, radeln wir auf der »Kirchstraße« in Richtung Frechenhausen. Kurz hinter dem Ortsausgang verlassen wir die L 3288, indem wir links der Beschilderung zum Segelflugplatz folgen.

Rundflüge
Von April bis Oktober bietet sich die Möglichkeit für einen Rundflug über das Lahn-Dill-Bergland.
Kontakt: Luftsportgemeinschaft Bottenhorn; Tel.: 06464/8282

Den Flugplatz zu unserer Rechten, wählen wir am nächsten Abzweig erneut den linken Weg. Bald erreichen wir den Waldrand. Im Wald gelangen wir an einen Wegeknoten, an dem wir einem geschotterten Weg folgen, der rechts abzweigt. Nun fahren wir auf gelegentlich ansteigendem Weg durch einen Fichtenforst in Richtung Süden, um bald wieder auf eine Kreuzung im Wald zu stoßen, an der wir uns links halten. Zu unserer Linken öffnet sich der Forst. Eine lichte Waldwiese tut sich auf. An ihrem jenseitigen Ende findet sich ein schmaler Streifen Wacholderheide. Endlich stößt der Schotterweg auf einen Asphaltweg, in den links einzubiegen ist. Der Weg beschreibt einen Bogen nach rechts und führt uns dann eilig bergab zur L 3049. Diese wird überquert. Weiter geht es auf einem ebenfalls asphaltierten Wirtschaftsweg. Bald mündet dieser in einen Querweg, in den rechts einzubiegen ist. Nun fahren wir auf die Häuser des Bauernweilers Hülshof zu. Es handelt sich um den kleinsten der Bad Endbacher Ortsteile.

Hülshof besteht aus nur fünf Wohnhäusern nebst Wirtschaftsgebäuden und Stallungen. Hier leben heute etwa 20 Menschen.
Die Frage, warum die erstmals 1284 in einer Urkunde des Klosters Altenberg erwähnte Siedlung nie zu einem richtigen Dorf anwuchs, läßt sich durch einen Blick auf die Katasterpläne der Gemeinde Bad Endbach klären: Im Unterschied zu den zersplitterten Fluren der benachbarten Ortsteile zeichnet sich der Grundbesitz in Hülshof

durch große zusammenhängende Besitzblöcke aus. Hier wurde von jeher dem Anerbenrecht gegenüber dem in anderen Dörfern vorherrschenden Realerbteilrecht der Vorzug gegeben. Die im Testament nicht berücksichtigten Erben verließen für gewöhnlich die einsame Siedlung, um sich andernorts in Industrie und Handel eine Existenz aufzubauen.

Für den Radwanderer bietet Hülshof die Möglichkeit, sich mit hausgemachten Wurstwaren, Kaffee und selbstgebackenem Kuchen verwöhnen zu lassen. Auch Ferien auf dem Bauernhof in reizvoller Atmosphäre sind in Hülshof möglich.
Öffnungszeiten: nach Vereinbarung
Kontakt: Manfred Scheld, Hülshof 3, 35080 Bad Endbach, Tel.: 02776/7015

Nachdem wir eine behagliche Pause in dem ruhigen Weiler eingelegt haben, wenden wir uns wieder unserer Radwanderroute zu. Zunächst geht es für wenige Meter auf der L 3049 in Richtung Bottenhorn weiter. Alsdann wird hinter dem Friedhof links abgebogen. Wir kreuzen nun auf einem asphaltierten Wirtschaftsweg den jungen Hülsbach und folgen dem nach links abknickenden Weg parallel zur Hülsbachaue bis zum Waldrand. Hier biegt der Weg nach rechts ab. Bald mündet er in eine verkehrsarme asphaltierte Gemeindestraße. Es ist links einzubiegen. Nach einigen Kurven rollt man in immer schneller werdender Talfahrt von der Bottenhorner Hochfläche durch das Schlierbachtal hinab in das Dörfchen Schlierbach.

Schlierbach mit seinen heute 430 Einwohnern taucht in schriftlichen Quellen zum ersten Mal im Jahre 1318 auf. Es zwängt sich mit seinen kleinen Fachwerkhäusern in das enge Kerbtal, das sich der Schlierbach auf seinem steilen Weg von der Bottenhorner Hochfläche bis hinunter zur Salzbödeaue bei Hartenrod gegraben hat.

Nach einer scharfen Linkskurve fahren wir auf der »Schlierbachstraße«, zwischen den Häusern des oberen Dorfes hindurch, geradeaus in die »Brunnenstraße« hinein. Diese führt nun steil am Osthang des Tales wieder hinauf auf einen Sattel. Ein kurzer Halt zum Verschnaufen und ein Blick zurück am Hochbehälter erlauben es, eine schöne Aussicht über das soeben durchfahrene Dorf zu genießen. Sogleich geht es wieder in mehreren Kehren hinab ins Hülsbachtal.

Vor uns liegt der sich tief in die Westflanke des »Wollscheidt« nagende Diabassteinbruch des im Jahre 1902 gegründeten **Diabaswerk Hartenrod**. In der ersten Hälfte des Jahrhunderts bot es immerhin 40-50 Menschen Beschäftigung.

Nachdem wir den Hülsbach im Talgrund überquert haben, geht es schon wieder den Hang hinauf, um an Viehweiden und Streuobstwiesen vorbei nach Wommelshausen hinunter zu rollen. Von der Höhe sollte man den Blick gen Osten schweifen lassen. Von hier überblickt man nicht nur das Dorf Wommelshausen, sondern in weiterer Entfernung auch Weidenhausen im Salzbödetal. Die dichtbewaldete, mit einem Aussichtsturm gekrönte Kuppe der »Koppe« schließt das Blickfeld im Hintergrund ab.

Wommelshausen fand im Jahre 1336 erstmals urkundliche Erwähnung. Der beschauliche Ort liegt auf 345 m über Meereshöhe in einem geschützten Nebental der Salzböde.

Vom Ortsrand herab windet sich der »Schlierbacher Weg« zwischen alten Fachwerkhäusern hindurch, um schließlich in die »Rathausstraße« überzugehen. Auf der rechten Seite der »Rathausstraße« befindet sich das Heimatmuseum des Dorfes.

An einem Brunnenplatz im alten Ortskern, der zur Rast einlädt, mündet die »Rathausstraße« in die »Schulstraße«. Hier geht es, dem Talverlauf folgend, nach rechts. Rechts über uns sieht man alsbald die alte, legendenumwobene Wommelshäuser Kapelle.

Auf der L 3049 verlassen wir Wommelshausen und rollen auf der rechten Seite des Dernbaches bergab dem Salzbödetal zu. Die L 3050 im Blick biegen wir rechts in eine kleine Straße, die an einer Fußgängerampel ebenfalls in die L 3050 mündet. Hier überqueren wir den Fahrdamm und begeben uns an einer Treppe hinab auf den Radweg in der Salzbödeaue. Wir folgen ihm nach Bad Endbach.

Bad Endbach wurde im Jahre 1261 erstmals als »Endebach« erwähnt. Funde beweisen, daß die Besiedlung des Ortes viel weiter in die Vergangenheit zurückreicht. In der Zeit nach dem Zweiten Weltkrieg entwickelte sich die Gemeinde zum Kneippheilbad. Heute dominiert der Fremdenverkehr das Wirtschaftsleben des Ortes.

Zurück an der »Herborner Straße« schwenken wir links in Richtung Günterod ein. Schon nach wenigen Metern zweigt rechter Hand der »Kirchweg« ab.

Bei dem Fachwerkgebäude vor der in jüngster Zeit erweiterten, 1929 eingeweihten Bad Endbacher Kirche handelt es sich um die »**Alte Schule von Bad Endbach**«. In den letzten Jahren wurde das Gebäude restauriert und durch einen Erweiterungsbau ergänzt. Im Mai 1998 konnten hier ein Kneipp-Museum sowie ein Ausstellungs- und Konzertraum eingerichtet werden. Die »Alte Schule« übernimmt damit die Funktion eines Kulturzentrums.

Wir folgen nun der Straße »Am Kurpark«, die in die »Sebastian Kneipp Straße« übergeht. Von dieser zweigt schließlich die »Teichstraße« rechts ab. Beim Kurheim »Heckenmühle« endet der asphaltierte Fahrweg. Eine Schranke versperrt dem Autoverkehr die weitere Route. Über etwa 300 m führt uns der Weg nun auf wassergebundener Unterlage am schattigen Waldrand entlang salzbödeaufwärts. Bei einem Linksabzweig geht es erneut auf asphaltierter Strecke weiter, die uns weiterhin parallel zum Bach eine kurze Steigung hinauf führt. Mit dem Erklimmen der Steigung weicht der Wald zurück. Wir erreichen nun den östlichen Ortsrand von Hartenrod.

Das im Jahre 1364 erstmals erwähnte **Hartenrod** bildet mit 2.500 Einwohnern den größten Ortsteil der Gemeinde Bad Endbach. Die Tatsache, daß der Ort die heutige Mittelpunktschule der Gemeinde beherbergt, weist auf seine nach wie vor zentrale Bedeutung hin.

Es geht nun durch die »Poststraße«, dann in die »Gründelingstraße«, die schließlich auf den »Wetzlarer Weg« stößt, dem wir rechts abbiegend folgen. Er mündet in die »Hauptstraße«, in die links eingebogen wird. Bergauf verlassen wir Hartenrod. Am Dorfausgang biegen wir vor der Eisenbahnunterführung halb links ab Richtung Skilift. Die vor uns liegende Steigung wird uns ganz schön ins Schwitzen bringen. Wir folgen dem hoch aufgeschütteten Bahndamm zur Rechten. Zu unserer Linken fließt die junge Salzböde in beengtem und leider begradigtem Lauf talwärts. Am Nordhang des »Schönscheid« sehen wir den Hartenroder Skihang mit seinem Skilift über uns. Rechts des Baches geht es immer weiter der Salzbödequelle entgegen.

Nun kreuzt der Weg den Bach, um sich schließlich zu teilen. Wir folgen dem asphaltierten Weg rechts, weiterhin den Bachgraben hinauffahrend. Die Wegführung wird von Hecken begleitet. Wir erreichen jetzt den künstlich geschaffenen Quellteich eines der beiden Salzbödequellarme. Hier macht der Weg eine Rechtskehre. Wir fahren, oder besser schieben, unser Rad über den von der Kehre steil nach oben führenden Wiesenweg. Nach ca. 100 m stoßen wir wieder auf eine mit Schotter befestigte Fahrbahn. Eine Bank neben einer jungen Birke lädt zur Pause ein. Der Blick von dem ruhigen Plätzchen über das obere Salzbödetal und die – an ihrem südlichen Rand durch steile Kerbtäler zerschnittene Bottenhorner Hochfläche – lohnt den anstrengenden Anstieg.

Zwischen Äckern fahren wir auf Fichtenhochwald zu, der während der Pause in unserem Rücken lag. Nach etwa 50 m biegt der Weg scharf links ab. Hier bewegen wir uns einige Zeit auf der Grenze zwischen den Kreisen Marburg-Biedenkopf und dem Lahn-Dill-Kreis. Nach etwa 200 m führt uns der Weg in den Bergwald, der hier von Fichten dominiert wird.

In sanften Biegungen durch den Wald auf die Höhe ansteigend, schlängelt sich der Weg bis auf den 498 m hohen »Schönscheid«.

Knapp östlich der Kuppe verlassen wir den Wald. Läßt man nun den Blick in die Ferne schweifen, fällt im Südosten der markante »Dünsberg« mit seinem Sendeturm ins Auge. Bei schönem Wetter sind im Süden gar die

Berge des Hochtaunus sichtbar. Im Vordergrund schaut man auf den jüngeren Teil des Bad Endbacher Ortsteils Günterod.

Vom »Schönscheid« rollen wir auf Günterod zu. Bald weicht der Schotterweg einer asphaltierten Fahrbahndecke. Im Ort angelangt biegen wir rechts ab auf die L 3049, gleich darauf geht es linker Hand in den »Steinweg«. Diesem folgen wir, bis er auf die »Dorfstraße« stößt. Halten wir uns links und gleich darauf wieder rechts, gelangen wir bei der kulturgeschichtlich interessanten Günteroder Kirche an.

Günteroder Chorturmkirche
Als Erbauungszeitraum des Kirchleins gelten die Jahre 1452 und 1453. Es liegt sehr schön auf einer kleinen, das Tal des Endebaches überragenden Kuppe. Die Kirchenglocken aus der Gründungszeit des Gotteshauses zählen zu den ältesten des Hinterlandes. Die Ausführung des Fischgrätenmusters im Mauerwerk des Kirchturms läßt entgegen den urkundlichen Belegen sogar den Schluß zu, daß der Turm noch um dreihundert Jahre älter ist als das Kirchenschiff.
Öffnungszeiten: Nach Vereinbarung
Kontakt: Pfarramt Günterod
Tel.: 02776/380

Nachdem wir die Kirche betrachtet haben, durchfahren wir die »Denkmalstraße« bis zur L 3049. Wir biegen rechts in sie ein, um auf der Landstraße das Dorf zu verlassen. Nach ca. 100 m radelt man an einer Biegung geradeaus in die Straße »Siedlung«. Nun geht es immer geradeaus in die Straße »Auf dem Schipp« und am Sportplatz von Günterod vorbei. In einigen Kehren rollen wir den steilen Wiesenhang hinab, bis wir am Sportplatz von Bad Endbach auf die »Alte Bergstraße« gelangen. An der Bad

Endbacher Kirche stößt diese auf den »Kirchweg«, in den rechts einzubiegen ist. Gleich darauf geht es wieder links ab. Bergab rollend gelangt man zurück zum Kur- und Bürgerhaus in der Salzbödeaue.

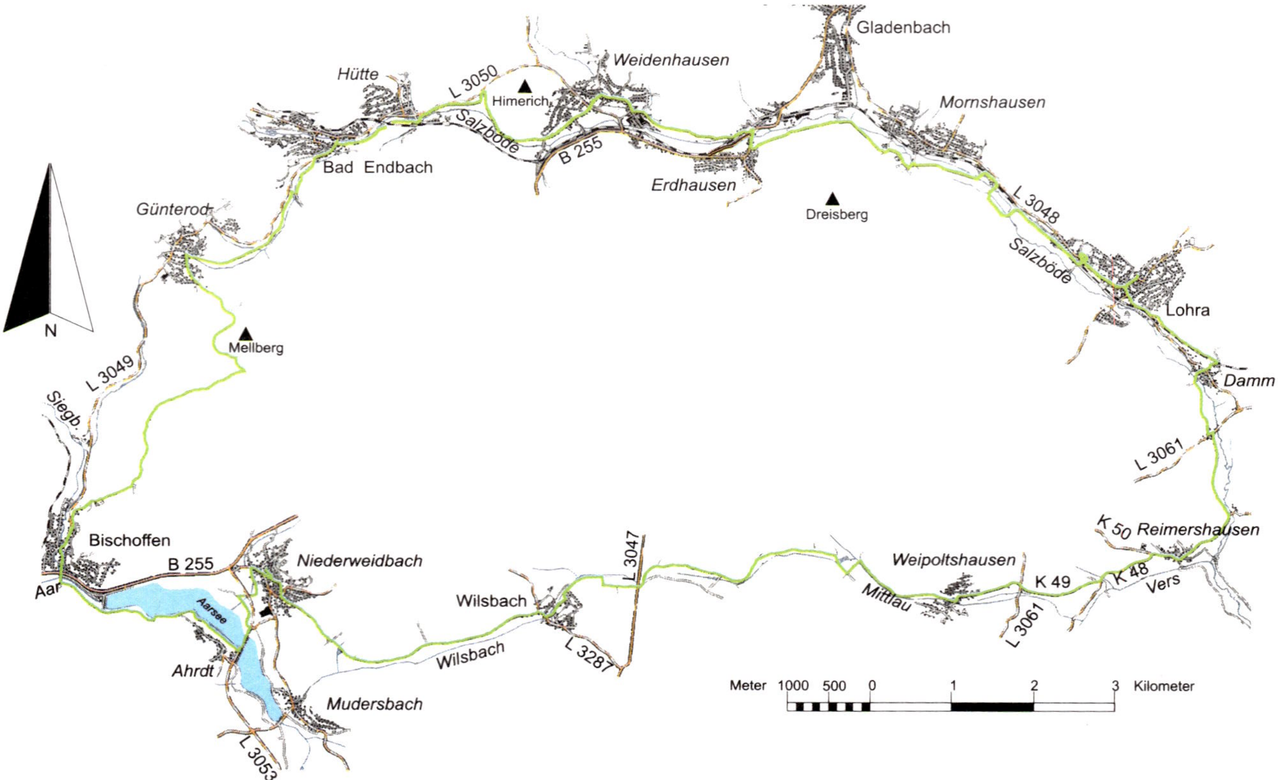
Gladenbach
Weidenhausen
Mornshausen
Hütte
L 3050
Himerich
Salzböde
B 255
Bad Endbach
Erdhausen
Dreisberg
L 3048
Günterod
Salzböde
Lohra
N
Mellberg
Damm
L 3049
Siegb.
L 3061
Bischoffen
K 50
Reimershausen
B 255
Niederweidbach
L 3047
Weipoltshausen
Aar
K 49
K 48
Aarsee
Wilsbach
Mittlau
Vers
L 3061
L 3287
Wilsbach
Ahrdt
Meter 1000 500 0 1 2 3 Kilometer
Mudersbach
L 3053

2. Der »Salzweg« – Zu den Salzquellen von Lohra und Mornshausen

Bad Endbach – Günterod – Bischoffen – Ahrdt – Niederweidbach – Wilsbach – Weipoltshausen – Reimershausen – Damm – Lohra – Mornshausen – Erdhausen – Weidenhausen – Hütte – Bad Endbach

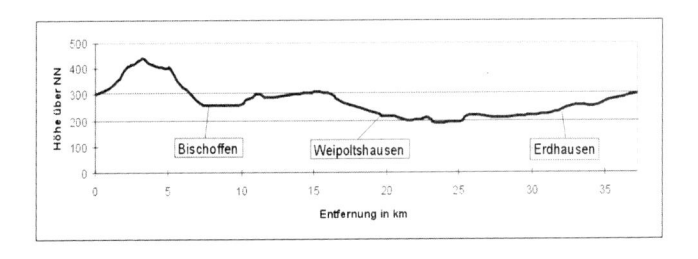

Ausgangspunkt: Kur- und Bürgerhaus Bad Endbach
Endpunkt: Kur- und Bürgerhaus Bad Endbach
Distanz: ca. 45 km
Bewertung: leicht

Hinweise: Die Strecke weist gleich zu Anfang – auf dem Weg von Bad Endbach über Günterod bis auf die Kuppe des »Mellberg« – eine längere Steigung auf. Von dort an geht es hinunter ins Aartal und dann ohne nennenswerte Schwierigkeiten durch Aar-, Vers-, und Salzbödetal zurück nach Bad Endbach.

In den Mittelpunkt dieser Route soll die Frage rücken, wie die Salzböde zu ihrem Namen kam. Was hat es mit dem Salz auf

sich? Tatsächlich gibt es im mittleren Salzbödetal, rund um Lohra, zahlreiche Spuren, aus denen sich der Name des kleinen Flüßchens herleiten läßt. Deshalb werden wir dem Dorf Lohra und seiner nächsten Umgebung einen Besuch abstatten.

Wie üblich starten wir vor dem Kur- und Bürgerhaus Bad Endbachs und biegen rechts in die »Herborner Straße« ein, der wir in Richtung Günterod folgen.

Am Ortsausgang Bad Endbachs biegt man von der »Herborner Straße« links ab zum Bad Endbacher Friedhof. Eine asphaltierte Straße führt an diesem vorbei und dann in sanfter Steigung auf der rechten Bachseite den Waldrand entlang talaufwärts. Am Fischweiher biegen wir rechts ab, um den Endebach zu kreuzen. Auf der anderen Bachseite folgen wir einem Weg mit wassergebundener Decke parallel zum Bach. Durch den mit Obstbäumen und vereinzelt stehenden Birken und Weiden durchsetzten Wiesengrund führt der Weg bergan. Die Wegstrecke geht nun wieder in einen asphaltierten Wirtschaftsweg über und kreuzt einen Nebenbach des Endebaches. Von hier führt er sehr steil auf der linken Bachseite nach Günterod hinauf. Der Feldweg stößt südwestlich der kirchengekrönten Kuppe auf die »Dorfstraße«, in die man links einbiegt. Um nun von Günterod zum Aartalsee zu gelangen, folgen wir der »Dorfstraße« und fahren immer bergauf. Ein kleines Wäldchen am Dorfausgang lassen wir auf der asphaltierten Straße rechts liegen. An einem Flurgehölz macht die Straße eine Linkskehre. In dieser Kehre zweigt rechts ein geschotterter Weg ab, der auf den Wald zu führt. Hier biegen wir ein. Am Waldrand angelangt, geht es nun rechts in einen Waldweg hinein, der annähernd hangparallel den »Mellberg« (472 m über NN) umrundet. Bald trifft er auf einen Querweg, in den rechts einzubiegen ist. Auch an der nächsten Gabelung geht es wieder rechts ab. Wir finden an den Bäumen in regelmäßigen Abständen eine »AS«-Markierung – das »AS« steht für den Aarseewanderweg – der wir, immer durch den Bergwald radelnd, bis kurz vor Bischoffen folgen. Noch immer im Wald, gelangen wir schließlich an eine Wegekreuzung, an der wir rechts abbiegen und steil bergab rollen. Der Ortsrand Bischoffens läßt sich durch den lichter werdenden Wald bereits erahnen.

Am oberen Ortsrand von Bischoffen liegt der Friedhof nun zu unserer Linken am Hang. Von hier bietet sich ein schöner Blick in das untere Siegbachtal. Auf dem gegenüberliegenden Hang führt die Eisenbahnlinie Herborn-Hartenrod talaufwärts. Weiter geht es durch die »Neue Siedlung« hinunter zur L 3049, in die wir links einbiegen. Die Landstraße wurde hier im Ortsbereich in jüngster Zeit umgestaltet. Den Hang stützend, begleitet uns eine Mauer aus Diabas. Die Gesteinsart ist für das Lahn-Dill-Bergland prägend.

An einem Ausläufer des Hangfußes des »Sandberges« liegt der alte Ortskern von **Bischoffen** am Siegbach. Es lohnt sich, hier an der Brücke den Bach zu queren und einen Blick auf das Dorf und die alte, zwischen den Häusern versteckte Kapelle zu werfen.

Dann jedoch müssen wir zurück auf die L 3049 und ihr weiter talabwärts folgen. Die Straße mündet in die B 255, die von Herborn kommend das Aartal erschließt und dann weiter über Gladenbach nach Marburg führt. Wir queren die Bundesstraße und gelangen auf einen Wirtschaftsweg, auf dem die Aar überquert wird. An der Aarbrücke mündet auch der schnell und kräftig fließende Siegbach in die Aar und haucht dem direkt unter der Staumauer recht trägen Flüßlein neues Leben ein. Hinter der Brücke biegt man links ab und fährt auf die Dammkrone des Aartalstausees zu.

Zur Entstehung der Aartalsperre: Nachdem die mittelhessischen Flußregionen an Lahn und Dill bis in die Mitte der 70er Jahre schon von fünf verheerenden Hochwassern heimgesucht wurden, wurde 1972 der Wasserverband »Dillgebiet« mit dem Ziel gegründet, ein Hochwasserrückhaltebecken im Aartal zu schaffen. Am 1.7.1982 wurde die Durchführung des Projektes besiegelt.

Doch erst das Jahrhunderthochwasser im Frühjahr des Jahres 1984, das auch Aar und Siegbach zu reißenden Strömen anschwellen ließ, schuf eine neue Aktualität. Bereits im Sommer des gleichen Jahres begann man mit dem Bau. Bis zur Fertigstellung des 61 Millionen DM Projektes gingen weitere sechs Jahre ins Land. Nach einem erfolgreichen Probestau konnte die Anlage dann am 10.3.1992 in Betrieb genommen werden.

Weiter geht es am südlichen Seeufer entlang auf das kleine Dörfchen Ahrdt zu.

Der unmittelbare Seeuferbereich ist aus der landwirtschaftlichen Nutzung ausgenommen. Um den Streß für die sich entwickelnde Flora gering zu halten, sind rechts und links des Freizeitweges große Bereiche durch Zäune abgeriegelt. Zu unserer Rechten hat das Regierungspräsidium Gießen das **Naturschutzgebiet »Wacholderheide«** eingerichtet. Es handelt sich um eine jahrhundertealte Kulturlandschaft. Durch die Beweidung mit Schafen ist hier ein komplexes, artenreiches Ökosystem entstanden. Wacholder und Besenginster locken eine große Vielfalt oftmals seltener Insekten an, die wiederum gefährdeten Vogelarten als Nahrung dienen. Um den Erhalt des Biotops zu gewährleisten, wird heute auch wieder eine Beweidung durch Schafe betrieben.

Unser Weg führt uns weiter über einen Dammweg am Seeufer. Der hohe, etwas trostlose Damm sichert das niedrig gelegene Dörfchen Ahrdt gegen das Wasser des Sees.

Schließlich stößt der Dammweg auf die L 3051, auf der wir den See auf einem weiteren – den Unter- vom Obersee trennenden – Damm überqueren. Der Obersee ist als Naturschutzgebiet ausgewiesen und wird in einigen Jahren sicherlich einen beeindruckenden Biotop darstellen. Noch sieht man ihm aber sehr deutlich die Entstehung durch Menschenhand an.

Auf dem anderen Seeufer angelangt schwenken wir links ein, um vorbei am Surfclub dem Uferweg weiterhin zu folgen. Bald zweigt rechts ein Weg ab, in den einzubiegen ist, um unter der L 3053 hindurch auf Niederweidbach zu zu fahren.

Niederweidbach bildet den ältesten und auch größten Ortsteil der Gemeinde Bischoffen. Die Gründung des Ortes reicht mindestens in das achte bis zehnte Jahrhundert zurück.

Wir folgen der Beschilderung des Aartalradweges bis ins Dorf hinein. Zur Rechten passieren wir die Volksbank, ihr gegenüber befindet sich ein alter, gußeiserner Dorfbrunnen. Gleich darauf wird links in die »Mittelstraße« eingebogen. Als nächstes schwenkt man links in die »Schulstraße« ein. Nach wenigen Metern befinden wir uns an der Treppe, die uns auf den Kirchberg führt. Hier stellen wir die Räder ab, um die kunsthistorisch bedeutsame Pfarrkirche zu besichtigen. Bei dem Bau handelt es sich um eine im 14. Jahrhundert erbaute Wallfahrtskirche, die an einer wichtigen mittelalterlichen Handelsstraße gelegen, der Gottesmutter Maria geweiht war.

Der Altarschrein in der Niederweidbacher Wallfahrtskirche
Es ist nicht verwunderlich, daß der Schöpfer des Kunstwerkes, der Meister Hans Döring, in dem wertvollen, spätgotischen Schnitzaltarschrein der zweischiffigen Hallenkirche die heilige Maria zwischen dem Schutzheiligen der Seefahrer – dem heiligen Nikolaus – und dem Schutzheiligen der Reisenden – dem heiligen Jakobus – einrahmte. Der Altar wurde vermutlich unter der Einwirkung der Kunst Albrecht Dürers und Lucas Cranachs zwischen 1510 und 1520 – also kurz vor der Reformation – geschaffen. Von den Figuren im Inneren des Schreins abgesehen, widmet sich die Mehrheit der Bilder der heiligen Maria. Doch finden wir integriert in die Darstellung der Heiligen Sippe, dem Gotteskind, der heiligen Maria und ihrer Mutter, der heiligen Anna, auch die Stifter wichtige Mitglieder des lokalen Adels und Hochadels.
Öffnungszeiten: Nach vorheriger Absprache
Kontakt: Pfarramt, Mittelstr. 9, Niederweidbach, Herr Dekan Schwarz, Tel.: 06444/921854

Nach Abschluß der Besichtigung rollen wir nun die »Schulstraße« abwärts durch den alten Dorfkern, bis wir auf die »Hauptstraße« stoßen. Hier schwenken wir nach links. Bald geht sie in die »Roßbacherstraße« über, der wir nach links bis zur neuen katholischen Marienkirche folgen. An dem Kirchenbau aus der Nachkriegszeit fahren wir geradeaus in den »Wilsbacher Weg«. Auf dem asphaltierten Wirtschaftsweg verlassen wir Niederweidbach in Richtung Osten.

Die landwirtschaftlich intensiv genutzten Bereiche des Aartals hinter uns lassend, geht es nun durch das beschauliche Wilsbachtal hinan. Auffällig ist hier das Ausmaß der Ödflächen, die sich auf den Kuppen zu unserer Linken

finden. Bald bietet sich hierfür eine Erklärung, denn an einem Teich hinter einer Wegbiegung taucht eine Schäferei auf. Die Ödflächen werden als Schafweideflächen genutzt.
Hinter der Schäferei folgt der Weg einer im Frühjahr leuchtend blühenden Schlehenhecke – einer Wildpflaumenart. Wir passieren zwei alte Eichen am Wegesrand. Die Geräuschkulisse in diesem menschenleeren Tal wird einzig durch das Gesumm von Insekten und das Gezwitscher der zahlreichen Vögel bestimmt. Die Ruhe zu genießen, lädt uns eine Bank ein, die unter einem Baum am Abzweig des in der Ferne sichtbaren Roßbachs steht. Wir folgen aber dem Talverlauf in Richtung Wilsbachquelle und erreichen nach kurzer Fahrt das Dörfchen gleichen Namens.

Wilsbach ist ein beschauliches Bauerndörfchen auf etwa 300 m über NN, inmitten flacher, ackerbaulich genutzter Kuppen und ausgedehnter Wiesenauen.

Unser Weg stößt im Dorf auf die von Roßbach kommende L 3287. Wir biegen rechts ein und halten auf die im 16. Jahrhundert erbaute, leider verputzte Fachwerkkapelle zu. Kurz darauf geht es, dem Hinweisschild auf das Dorfgemeinschaftshaus folgend, links ab in die »Wilhelmstraße«. Wir fahren am Dorfgemeinschaftshaus zu unserer Rechten vorbei und folgen dem Straßenverlauf, bis wir links in die Wohnstraße »In der Grube« einbiegen. Auf dieser Straße verlassen wir das kleine Dorf wieder. Wir treffen nun erneut auf den Wilsbach, der hier zu einer Reihe kleiner Fischzuchtteiche aufgestaut wurde. Der Weg macht hinter dem letzten Teich eine Biegung und setzt über den Bach hinweg. Doch verlassen wir rechts des Baches verbleibend die Asphaltstraße und folgen einem Schotterweg. Nach etwa 200 m knickt dieser nach

Offene Gefache in einem Wilsbacher Fachwerkbau

rechts ab. Es geht nun hangaufwärts, aber schon nach weiteren 100 Metern in der freien Feldflur wieder nach links. Unser Weg stößt schließlich auf eine Landstraße, die wir mit Vorsicht überqueren, um auf der gegenüberliegenden Seite in den Wald einzutauchen. Die Landstraße markiert den Verlauf der an dieser Stelle erstaunlich flachen Wasserscheide zwischen dem Einzugsgebiet der Aar und dem der Salzböde. An einer Gabelung, noch ganz am Anfang des Waldes, halten wir uns links. Gleich darauf gabelt sich der Weg noch einmal, diesmal geht es nach rechts. Wir befinden uns in einem schönen Buchenhochwaldbestand auf einem allerdings sehr grob geschotterten Forstweg. Bald gabelt sich der Weg erneut. Wir fahren links den Hang hinab und gelangen so in die Aue eines jungen Baches, den wir an einem künstlich gestauten Quellteich überqueren. Hinter dem Teich biegen wir gleich wieder rechts ein. Von nun an folgen wir dem Bach an seiner linken Seite beständig bergab. Schließlich lassen wir den Wald hinter uns. Der Weg mündet in einen Wirtschaftsweg, in den wir rechts einbiegen, um an einem Teich den Bach zu überqueren. Wir befinden uns nun in einem von zahlreichen kleinen Bächen und Bächlein durchzogenen Wiesental. Am nächsten Abzweig biegen wir gleich wieder links ab. Wir rollen hinab bis zum Talgrund und kreuzen den Bach erneut, um dann gleich rechts in einen Weg einzubiegen, der uns zwischen Waldrand und Bach, um den Hangfuß des »Stoßberges« herum, nach Weipoltshausen führt.

In Weipoltshausen mündet unser Weg in die K 49, die das Sackgassendorf an das Straßennetz anbindet. Hier müssen wir links weiter.

Es lohnt sich, den Bach – die Mittlau – zu überqueren, um dem beschaulichen Ortskern des 1220 erstmals erwähnten **Weipoltshausen** mit der alten, ursprünglich romanischen Kirche einen Besuch abzustatten. Es empfiehlt sich, auf dem Bänkchen am alten Dorfbrunnen gegenüber der kleinen Weipoltshäuser Kapelle ein wenig auszuruhen, zumal wir in Weipoltshausen schon etwas mehr als die Hälfte der Strecke hinter uns gebracht haben.

Die Pause vermittelt die besonders entspannende Atmosphäre des verkehrsfernen Dorfes mit seinen alten Fachwerkhäusern. Besonders hübsch sind übrigens auch die häufig buntbemalten Scheunentore des Dorfes.

Dann geht es wieder zurück auf die K 49, auf der wir Weipoltshausen verlassen. Nach kurzer Fahrt kreuzen wir die Landstraße (L 3061), die Altenvers mit Kirchvers verbindet. Wir folgen weiterhin der K 49, bis sie, am Grunde des Verstales angelangt, in die K 48 übergeht. Diese folgt nun dem Talverlauf der Vers an der Hermchensmühle vorbei in Richtung Reimershausen. Kurz vor Reimershausen stoßen wir wieder auf eine Kreisstraße. Hier folgen wir nun der Beschilderung nach Fronhausen, durchradeln Reimershausen und sehen hinter dem Dorf von der Höhe der Kreisstraße auf die Rauchmühle gegenüber der Mündung der Vers in die Salzböde.

Schließlich senkt sich die Kreisstraße zur Salzböde hin ab. Die Straße überquert eine schöne alte Sandsteinbrücke, um sich ihren Weg weiter in Richtung Oberwalgern zu bahnen. Auf der anderen Seite des Flusses liegt die Steinfurtsmühle. Vor der Brücke biegen wir nun, die Kreisstraße verlassend, links ab auf einen Schotterweg und folgen dem Salzbödetal an einer neuen Kläranlage vorbei bis zu den Etzelmühlen. Hier überqueren wir noch einmal die L 3061 und fahren zwischen den Häusern und Stallungen des kleinen Weilers hindurch weiter flußauf, bis wir bei Damm rechts abbiegen und den Bach überqueren, um in das Dorf zu gelangen. Hier geht es nun, die L 3048 kreuzend, hinauf bis zum Bahnhof. Am Bahnhof überqueren wir die Gleise der stillgelegten Salzbödebahn und biegen links in einen Wirtschaftsweg ein. Oberhalb des Bahndammes geht es nun auf Lohra zu. Dabei bietet sich uns noch ein letzter Blick über Damm und in das dahinter gelegene Verstal, von dessen oberem Ende uns der sich steil über seine Umgebung erhebende »Dünsberg« grüßt.

Bei den ersten Häusern von Lohra stößt der asphaltierte Wirtschaftsweg wieder auf die Landstraße, auf der wir nun in den Ort hinein fahren.

Die Besiedlungsgeschichte des Salzbödetals: Im Unterschied zu der Mehrheit der anderen Orte im Lahn-Dill-Bergland, die im achten bis neunten Jahrhundert im Rahmen des karolingischen Landesausbaus entstanden sein dürften, verweist schon der Name des großen Haufendorfes Lohra auf eine erheblich frühere Gründung. Tatsächlich wird die Namensgebung des Ortes von Fachleuten bis ins fünfte vorchristliche Jahrhundert zurückdatiert. Selbst die erste urkundliche Erwähnung des Dorfes liegt schon 1.200 Jahre und damit viel weiter zurück, als die vieler benachbarter Orte. Damals wurde die Schenkung eines Herrenhofes an das Kloster Lorsch beurkundet.

Die ursprüngliche Deutung des Wortes Lohra wird heute mit »Erstdorf« übersetzt. Lohra kann damit als das älteste Dorf im Salzbödetal angesehen werden. Die Besiedlung des Salzbödetals nahm also in Lohra ihren Anfang. Die ersten Siedlungsspuren, die in der Gemarkung des Dorfes gefunden wurden, reichen sogar bereits 4.000 Jahre bis in die Jungsteinzeit zurück. Es ist aber deshalb nicht zwingend, von einer kontinuierlichen Besiedlung der Gemarkung von der Jungsteinzeit bis in die Gegenwart auszugehen. Es stellt sich jedoch die Frage, was die Menschen in der Vergangenheit dazu bewog, immer wieder an diesem Ort zu siedeln und ihm seit nun schon mindestens 2.500 Jahren die Treue zu halten.

In diesem Zusammenhang ist es wichtig festzustellen, daß es in der Nähe Lohras salzhaltige Quellen gibt, die auch schon den »Altvorderen« nicht nur bekannt waren, sondern für sie einen begehrten Rohstoff darstellten, der denen, die Kontrolle über ihn hatten, große Macht und Wohlstand sicherte.

Die salzhaltigen Quellen bei Lohra gaben dem Bach, den sie speisten, einen ebenfalls salzigen Geschmack, weshalb er dann den Namen Salzböde – Böde bedeutet soviel wie Bach – erhielt.

Wir folgen der Straße durch das Dorf, bis wir zum Abzweig nach Willerhausen kommen. Hier geht es rechts den Berg hinauf, wo wir schließlich auf den ältesten historischen Kern des Dorfes mit der evangelischen Pfarrkirche stoßen.

Die Pfarrkirche Lohras ist eine kleine, spätromanische Pfeilerbasilika aus dem 13. Jahrhundert. Jüngere Ergänzungen bilden ein Dachreiter (18. Jahrhundert) sowie eine Fachwerkaufstockung auf dem südlichen Seitenschiff (1909). Die Inneneinrichtung weist zahlreiche barocke Elemente auf. Im Rahmen der Dorferneuerungsmaßnahme wurde die Kirche im Laufe der 90er Jahre renoviert.

Nun kehren wir zurück zur L 3048, die das Dorf dem Talverlauf folgend durchquert. Wir fahren Richtung Gladenbach und biegen nach kurzer Strecke rechts in die »Schnurrgasse« ein, dann wird links in die »Ludwig Rinn Straße« eingebogen.

Bei dem Gebäude zur Rechten mit dem ausladenden Walmdach handelt es sich um einen vor allem industriegeschichtlich interessanten Bau. Das Haus beherbergte einst Die alte **Lohraer Zigarrenfabrik** der Gießener

Firma Rinn & Cloos, in der zur Blütezeit der Zigarrenfabrikation im Salzbödetal – auch in Bad Endbach und Erdhausen gab es Zigarrenfabriken – bis zu 200 Personen, meist Frauen, beschäftigt waren. Neben der Molkerei gab die 1915 eingerichtete Zigarrenfabrik wesentliche Impulse für die wirtschaftliche Entwicklung Lohras. Das Gebäude in der »Ludwig Rinn Straße« wurde 1934 am Ortsrand von Lohra errichtet.

Schließlich biegen wir links in die Straße »Am Trieb«, an deren Ende wir auf die Landstraße stoßen. Jetzt biegen wir erneut links, gleich darauf rechts ein und überqueren die Bahnlinie. Weiter folgen wir rechts schwenkend einem asphaltierten Weg parallel zur Bahnlinie bis zum Erreichen der Götzenmühle. Hinter der Mühle biegen wir links in die Aue ein. Der Weg macht nun eine Rechtskehre und führt uns weiter Salzböde aufwärts.

Der Flurname der Wiesen, die wir nun durchqueren lautet »**Die Salzwiesen**«. Die vor- und frühgeschichtlichen Siedlungen, von denen es, wie bereits erwähnt, um Lohra eine ganze Reihe gab, lagen in unmittelbarer Nähe dieser Wiesen. Im Bereich dieser Salzwiesen zwischen der nordwestlich von Lohra gelegenen Götzenmühle und der südöstlich von Mornshausen gelegenen Mappesmühle nennt bereits das Kataster von 1848 einige Salzquellen in der Lohraer Gemarkung. Gegen Ende des letzten Jahrhunderts wurden in der Flur gar einige Bohrungen niedergebracht, und die Untersuchungsergebnisse bescheinigten dem geförderten Wasser Heilwasserqualität. Doch kam es - obwohl seitdem noch mehrere Untersuchungen das erste Gutachten bestätigten - bis heute nicht zu einer wirtschaftlichen Nutzung dieses Heilwassers. Erwiesen ist, daß in der Vergangenheit der Eigendruck, der das Hochdringen des Mineralwassers bewirkt, höher war, als er es heute ist. Trotzdem reicht er nach wie vor aus, um die Quellen ohne technische Hilfsmittel sprudeln zu lassen. In letzter Zeit werden Stimmen laut, die vorhandenen Quellen so zu fassen, daß sie für den Besucher erlebbar, das heißt fühl- und schmeckbar und in Form von unter Biotopschutz stehender Salzwiesen auch sichtbar sind. Dies wäre ein sicherlich lohnender Beitrag, um Kultur und Natur der Region Einheimischen und Besuchern in sehr plastischer Weise näherzubringen.

Wir passieren die Mappesmühle und stoßen schließlich wieder auf einen asphaltierten Weg. Von hier an markieren Schilder in grün auf weißem Grund den Verlauf des Radrundwanderweges des Kreises Marburg-Biedenkopf. Dieser Beschilderung können wir uns nun bis nach Bad Endbach anvertrauen.

Auf der anderen Seite der Salzböde liegt die zur Großgemeinde Gladenbach gehörende Ortschaft Mornshausen. Unter dem Hang des »Dreisbergs« (448 m ü. NN) zur Linken geht es nun zunächst an der Hütten- dann an der Bruch-Mühle vorbei. Der Weg führt nun oberhalb der Bruch-Mühle weiter auf die Aurorahütte zu, die schon zum stark industrialisierten Gladenbacher Ortsteil Erdhausen gehört. Wir erreichen Erdhausen und stoßen schließlich auf die »Turmstraße«. Wir biegen rechts ab, überqueren die viel befahrene Bundesstraße und biegen jenseits der Bundesstraße links in den »Blaumühlenweg« ein. Der »Blaumühlenweg« überquert die Bahnlinie und führt an weiteren metallverarbeitenden Betrieben vorbei.

In Weidenhausen fahren wir am Werksgelände der Justushütte – einem weiteren Gießereibetrieb – entlang, biegen dann in die »Weidenhäuser Straße« und folgen ihr bis zur Kirche. An der Kirche biegen wir links in die »Mühlstraße« ein. An ihrem Ende stoßen wir auf die L 3050. Sie wird überquert, damit wir eine Wohnstraße durchfahrend Weidenhausen im Westen verlassen können. Nun geht es am Hangfuß des »Himerich«, der zu unserer Rechten aufsteigt, an der Salzböde entlang. Erneut stoßen wir auf die L 3050, doch können wir die Straße meiden, indem wir gleich wieder in die Aue hinabrollen und am Klärwerk der Gemeinde Bad Endbach vorbei auf die Siedlung Hütte zufahren. Hier gelangen wir an ein Tretbecken, an dem wir links abbiegen müssen. Es geht auf einen kleineren Eisenbahnviadukt zu, der ein Nebental der Salzböde überspannt. Vor diesem wird rechts abgebogen. Auf einem Weg mit wassergebundener Decke geht es nun durch die Aue unter dem großen, das Salzbödetal in ganzer Breite überspannenden Viadukt hindurch bis zur »Herborner Straße«. Diese überqueren wir, um so schließlich wieder am Ausgangspunkt unserer Tour anzugelangen.

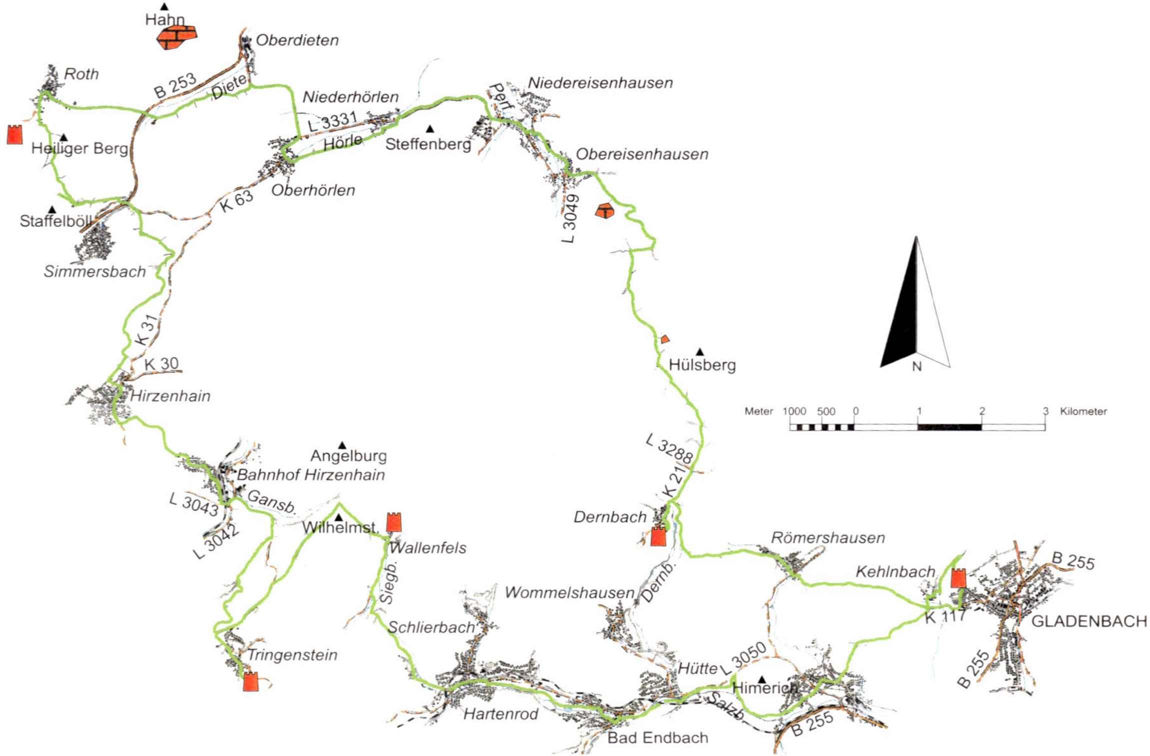
Hahn
Oberdieten
Roth
B 253
Diete
Niederhörlen
Niedereisenhausen
Perf
L 3331
Hörle
Steffenberg
Heiliger Berg
Obereisenhausen
Oberhörlen
K 63
Staffelböll
L 3049
Simmersbach
N
K 31
Hülsberg
K 30
Meter
1000
500
0
1
2
3
Kilometer
Hirzenhain
L 3288
Angelburg
Bahnhof Hirzenhain
K 21
L 3043
Gansb.
Dernbach
Wilhelmst.
L 3042
Wallenfels
Römershausen
B 255
Kehlnbach
Siegb.
Wommelshausen
Dernb.
Schlierbach
K 117
GLADENBACH
Tringenstein
Hütte
L 3050
Himerich
B 255
Salzb.
Hartenrod
B 255
Bad Endbach

3. Der »Burgenweg« – Festungen an der Hessisch-Nassauischen Grenze

Bad Endbach – Weidenhausen – Gladenbach – Kehlnbach – Römershausen – Dernbach – Obereisenhausen – Niedereisenhausen – Oberhörlen – Niederhörlen – Roth – Simmersbach – Hirzenhain – Bahnhof Hirzenhain – Tringenstein – Wallenfels – Hartenrod – Bad Endbach

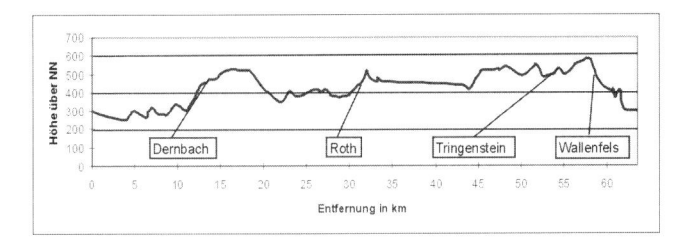

Ausgangspunkt: Kur- und Bürgerhaus Bad Endbach
Endpunkt: Kur- und Bürgerhaus Bad Endbach
Distanz: ca. 63 km
Bewertung: sehr schwer

Hinweise: Die Route ist in jeder Beziehung die anspruchsvollste der in diesem Buch vorgestellten Tourenvorschläge. Sie ist eine klassische »Gipfeltour« mit mehr als 1.000 Steigungsmetern und einer Gesamtdistanz von 63 km. In einigen Teilbereichen durchquert sie landschaftlich sehr reizvolle, allerdings selten asphaltierte Waldwege.

Die großartigen Ausblicke über die bewaldete Gebirgslandschaft, die sich von den Überresten der alten Wehranlagen herab genießen lassen, versüßen so manchen schweißtreibenden Aufstieg.

Der Burgenweg bildet einen ausgedehnten Ausflug in den Entstehungszeitraum des Landgrafentums Hessen während des Hochmittelalters. Das deutsche Kaiserreich hatte im 12. Jahrhundert seine Blüte endgültig überschritten. Ritter und Hochadel nutzten das politische Vakuum, um die eigenen Einflußsphären zu erweitern. Als Folge dieser Entwicklung entstand in Deutschland eine Vielzahl unabhängiger Fürstentümer.

Die oftmals militärisch geführten Auseinandersetzungen zwischen den jungen Territorialstaaten fand ihren architektonischen Ausdruck in der Anlage zahlreicher Höhenburgen. Sie sollten die gewonnenen Gebiete sichern und dienten gleichzeitig der Kontrolle der Handelsverbindungen.

Von der oben beschriebenen territorialpolitischen Zersplitterung war das hessische Bergland in besonderem Maße betroffen. Im 13. bis 14. Jahrhundert standen sich im heutigen Lahn-Dill-Bergland zahlreiche Kontrahenten gegenüber. Zu ihnen gehörten die Landgrafen von Nassau und die Landgrafen von Hessen, die Erzbistümer Mainz, Köln und Trier und schließlich auch lokale Adelsfamilien, unter ihnen die Grafen von Hohensolms und die Ritter von Dernbach.

Nach dem Verlust ihrer militärstrategischen Bedeutung zu Beginn der Neuzeit waren die Höhenburgen einem schnellen Verfall preisgegeben.

Früh am Tag starten wir wie üblich vor dem Kur- und Bürgerhaus der Gemeinde Bad Endbach. Wir überqueren die »Herborner Straße« und rollen auf dem »Bornweg« talwärts. Von hier aus bringt uns ein schotterbefestigter Weg am schattigen Waldrand unter dem Eisenbahnviadukt hindurch an den kleineren Viadukt an der Einmündung des Wildbachtals ins Salzbödetal.

Hier hält man sich links und fährt zwischen einer kleinen Teichanlage rechts der Straße »An der Steinhecke« und einem Kneipptretbecken zur Linken hindurch. Es wird nun rechts eingebogen, um parallel zur Landstraße weiter talabwärts zu gelangen. Kurz hinter der Kläranlage stößt der bis dahin asphaltierte Radweg an die Landstraße. Wir biegen hier rechts ab in einen Schotterweg, der am Waldrand entlang die Südflanke des »Himerich« umrundet.

Am Ortseingang von Weidenhausen folgen wir der Straße zwischen den Häusern hindurch, bis wir auf die L 3050 stoßen. Diese wird überquert und die »Mühlenstraße« bis zur Dorfkirche durchfahren. Hier geht es rechts in die »Weidenhäuser Straße«. Ihr ist zu folgen, bis ein Wegweiser uns in Richtung Sportplatz leitet. Ein kurzes Stück fahren wir steil bergan und verlassen das Dorf. An einer Kreuzung am Ferienlager biegen wir, auf dem Asphaltweg verbleibend, rechts ein und lassen den Sportplatz rechts liegen. Von hier führt der Weg durch Wiesen und Felder in kurvenreicher Strecke hinab bis Kehlnbach. Vor dem kleinen Weiler biegen wir rechts in die K 117 ein. Sie führt in kurzer steiler Fahrt hinauf auf den Kamm zwischen dem Kehlnbach- und dem Gladenbachtal. Von hier blicken wir auf Gladenbach hinab.

Von der »Kehlnbacher Straße« wird nun links eingeschwenkt in die »Ernst-Limbach-Straße«. Wir folgen dem Straßenverlauf, bis wir eine Straßeninsel mit einer Linde darauf erreichen. Hier halten wir uns links, passieren die Parkanlagen zur Rechten und erreichen gleich darauf das Bildungszentrum der Postgewerkschaft zur Linken. Vor diesem Gebäude führt ein von Linden gesäumter Weg hinauf zur Burgruine Blankenstein. Am besten stellt man das Rad an der Straße ab und macht sich zu Fuß auf den kurzen Weg zur Ruine.

Die im Schatten prachtvoller Bäume verborgenen Reste der einst stolzen **Festung Blankenstein** wurden 1936 von der Gemeinde Gladenbach dem preußischen Staat abgekauft und restauriert.

Für die ersten Anfänge des Landes Hessen kam der Burg Blankenstein eine wichtige strategische Bedeutung zu. Der Burgsitz wurde vermutlich schon vor dem Jahr 1.000 begründet. Zum Mißbehagen der Hessischen Landgrafen hatte im 13. Jahrhundert der Mainzer Erzbischof sein besonderes Augenmerk auf die Festung gelegt.

Die erste hessische Landgräfin Sophie von Brabant – Tochter der Heiligen Elisabeth – war nach der Loslösung Hessens von Thüringen (1248) tatkräftig bestrebt, ihren zunächst sehr beschränkten Machtbereich gegen die Interessen der konkurrierenden Mächte der Kölner, Mainzer und Trierer Bistümer sowie der weltlichen Herren zu Solms und Nassau auszudehnen. Deshalb bestand eine ihrer ersten »Amtstaten« darin, die Feste Blankenstein zu erobern und zu zerstören. Bereits sieben Jahre danach bauten die hessischen Landgrafen den Blankenstein selbst wieder auf. Denn von hier ließ sich der strategische Einfluß auf den Raum um Gladenbach deutlich ausweiten. Blankenstein wurde ein entscheidender Eckpunkt der militärischen Sicherung der landgräflichen Stadt Marburg gegen die Feinde im Westen.

Als Sitz des Landgräflichen Amtmannes und Nebenresidenz der Landgrafen erfuhr Blankenstein administrative Aufwertung und galt seit dem 14. Jahrhundert als fester Bestandteil des hessischen Territoriums.

In der Zeit seiner Blüte hatte die Burg berühmte, wenngleich unfreiwillige Gäste. Von 1478-1480 wurde der Kölner Erzbischof Ruprecht hier vom hessischen Landgrafen bis zu seinem Tod gefangen gehalten. 1526-1534 diente der Blankenstein dem flüchtigen Erzherzog Ulrich von Württemberg als Zuflucht während seines Exils.

In den Wirren des Dreißigjährigen Krieges ereilte die Burg schließlich ihr endgültiges Schicksal. Im Verlaufe der Belagerung der Burg durch die Darmstädter wurde sie 1647 erobert und zerstört.

Wieder bei unserem treuen Drahtesel angelangt, radeln wir um das Gewerkschafterhaus herum und gelangen am Ende des asphaltierten Weges in den Wald. Auf dem rechten von zwei unbefestigten Waldwegen rollen wir bergab. Es gilt sich nun in einem Gewirr von Wegen rechts, aber auch beständig bergab zu halten. Dabei folgen wir einem Trimmpfad. An der Trimmstation 9 biegen wir links ab und folgen am Grunde des Kehlnbachtales der Fließrichtung des Baches. Endlich gelangen wir an den oberen Ortsrand von Kehlnbach. Wir folgen hier dem Verlauf der »Zillertalstraße«, bis sie am Ortsausgang in die K 117 übergeht. Dort, wo die Kreisstraße einen Linksbogen beschreibt, stoßen wir auf einen Straßenknotenpunkt. Hier orientieren wir uns an dem hölzernen Hinweisschild nach Römershausen. Über einen behäbig, aber stetig ansteigenden Rücken fahren wir auf gutem Asphaltband bergan und tauchen bald in den schattigen Wald ein. Am oberen Ende des Waldes haben wir den Hügel erreicht. Durch die offene Ackerflur radeln wir auf Römershausen zu. Kurz vor Römershausen knickt der Weg scharf rechts ab, um sich alsdann in einigen scharfen Kehren den Steilhang zur Bachaue hinabzuwinden. In der Bachaue stoßen wir auf die K 111. Wir überqueren die Straße und radeln dann zwischen zahlreichen Höfen auf der »Bachseite« weiter. Das Sträßchen geht bald über in die »Römerstraße«, die wiederum in die Straße »In der Langwies« übergeht. Am Ortsrand halten wir uns an die Markierung des Wanderweges E 9. Inzwischen folgen wir einem Bachgraben bergauf und lassen schließlich die letzten Häuser Römershausens hinter uns. Am Wasserwerk Römershausens folgen wir dem linken Zweig der Wegegabelung. Schon kurz darauf weicht der Asphaltbelag einem groben Schotter. Es empfiehlt sich, das Rad auf der etwa 250 m langen heftigen Steigung bis zum Waldrand zu schieben. Am Waldrand angelangt sollte man die kurze Verschnaufpause zu einem Blick zurück nutzen: dem Auge des Betrachters öffnet sich ein eindrucksvolles Panorama über die Hügelketten des Hinterlandes gen Osten. Dann tauchen wir in den Wald ein.

Wie es sich für eine gestandene Mountainbikestrecke gehört, weist der ansteigende Waldweg kaum eine Befestigung auf. Vor allem bei feuchter Witterung ist deshalb mit Beeinträchtigungen zu rechnen. Im dichten Fichten- und Buchenbestand hilft uns das rote X auf weißem Grund des OHGV-Wanderweges vorzüglich bei der Orientierung. Es leitet uns bei allmählich abflachender Steigung an den oberen Waldrand.

Hier stoßen wir auf eine asphaltbefestigte Straße. Den Dernbacher Sportplatz rechts liegen lassend kämpfen wir uns auf den Damm der K 21 hinauf. Es ist nun links einzubiegen. Auf der Kreisstraße rollen wir nach Dernbach hinein. Bald stoßen wir auf eine Kreuzung, an der links in die »Burgstraße« einzubiegen ist. Der kurvenreiche Verlauf der Straße führt an alten Fachwerkhöfen vorbei, die sich hier um eine kleine Kuppe drängen. Dort stoßen wir auf die Burgruine. Über eine Treppe läßt sich der Bergkegel erklimmen.

Heute sind von der **Burg Dernbach** nur noch sehr geringe Reste erhalten. Auf einer felsigen Kuppe inmitten des Dörfchens finden sich meterdicke Mauerreste. Es handelt sich um Fragmente zweier Ecktürme. Die beiden, den Burgkegel umringenden Straßen, wurden vermutlich über dem zugeschütteten Wallgraben der Burg angelegt.

Wie andere Burgen des Lahn-Dill-Berglandes, wurde (Neu-)Dernbach im 14. Jahrhundert (1350) errichtet. Sie war den Rittern von Dernbach vom hessischen Landgrafen zum Lehen gegeben worden.

Die Beziehungen zwischen den Dernbachern und Hessen blickten schon zu dieser Zeit auf eine lange Geschichte im Kampf um die Vormacht im Lahn-Dill-Bergland zurück.

Nach der Jahrtausendwende gelang es lokalen Adelsgeschlechtern in der Herborner Mark, ihre Herrschaftsansprüche zusehends auszudehnen. Zu ihnen gehörte das Geschlecht der Dernbacher. In Konkurrenz hierzu bekamen seit Anfang des 13. Jahrhunderts auch die Herren von Nassau, die in enger Beziehung zum Erzbistum Mainz standen, in der Herborner Mark Besitzungen vom Deutschen Kaiser zum Lehen übertragen.

Die mächtigen Herren von Nassau hatten wenig Interesse, die Ansprüche lokaler Adelssippen zu berücksichtigen. Der Grundstein für einen über einhundert Jahre währenden Konflikt war gelegt.

Im Jahre 1247 verstarb Heinrich Raspe, der Mann Sophies. Er war der auf der Wartburg bei Eisenach residierende Herr über Hessen und Thüringen. Nach seinem Tod waren seine Erben, die Landgrafen von Hessen, eifrig bemüht, ihre Vormachtstellung in Hessen gegenüber den Mainzer Erzbischöfen zurückzuerlangen. Die zunehmende Macht des mit den Mainzern verbündeten Hauses Nassau stellte für das Streben der hessischen Landgrafen eine ernste Gefahr dar. Zu Beginn des 14. Jahrhunderts erinnerten sie sich deshalb ihrer alten Lehnsherrschaft gegenüber den Dernbacher Rittern, denn die Ritter hatten für die Expansionspläne Hessens nach Westen eine Schlüsselstellung inne. Doch konnten die Nassauer im Verlauf der ersten Hälfte des 14. Jahrhunderts die Dernbacher Fehde zu ihren Gunsten entscheiden.

Die Dernbacher mußten daraufhin die Herborner Mark verlassen und zogen sich ins obere Salzbödetal zurück. Dort begaben sie sich unter die Fittiche ihrer hessischen Schutzherrn.

Auf dem Sporn über dem Dernbachtal gründeten sie eine neue Burg in hervorragender strategischer Lage. Von (Neu)-Dernbach ließ sich der Ost-West-Handel auf der »Hohen Straße« und das obere Salzbödetal, aber auch die Grenze zum Nassauischen Herrschaftsgebiet ausgezeichnet kontrollieren.

Im 16. Jahrhundert wurde die Burg schließlich sich selbst überlassen und verfiel. Längst hatte sich aber im Schutze der Burgmauern eine kleine Siedlung gebildet.

Nun radeln wir weiter und biegen links in die Straße »Am Eichwäldchen« ein. So umrunden wir die Burgruine und gelangen schließlich zurück auf die K 21. Wir folgen der Kreisstraße bergauf, bis wir die Straßenkreuzung der K 21 mit der L 3288 erreichen. Die Landstraße wird vorsichtig überquert. Auf einem schotterbefestigten Weg fahren wir in den Wald hinein. An einer Waldkreuzung fährt man geradeaus weiter durch eine dunkle Fichtenschonung. Bald gelangt man an einen Wegeknoten, an dem man sich halblinks hält. In dem immer noch ebenen Gelände folgen wir der Signatur des Turmpfades (Rotes Dreieck auf weißem Grund). An der nächsten Gabelung wählen wir den rechten Abzweig. An einer weiteren Gabelung liegt inmitten des mit dichtem Unterholz bewachsenen Buchenhochwaldes die Grillhütte am »Hilsberg«. Hier ist ebenfalls der rechte Abzweig zu wählen. An einer weiteren Gabelung biegen wir nun links ab. Der Weg führt abwärts. Erneut stoßen wir auf einen Wegeknoten, an dem geradeaus zu fahren ist. Auch an der folgenden Verzweigung des Weges fahren wir geradeaus. Wir folgen der Berghöhe. Bald stoßen wir auf eine weitere Gabelung, an der wir ebenfalls geradeaus fahren. Endlich endet der Weg an einer Asphaltstraße. In diese wird nun rechts eingebogen. Nach wenigen Metern gelangen wir an eine T-Mündung und biegen links ein. In mehreren Kehren rollen wir geschwindt nach Obereisenhausen hinab.

Als Yzenhusen (superior) wurde **Ober-Eisenhausen** 1103 erstmals urkundlich erwähnt. Hier lag die Pfarrkirche der Dörfer im Perftal. Auch im 15. Jahrhundert hatte Obereisenhausen eine bedeutende Stellung unter den Dörfern des Perftals inne. Denn hier tagte alle sieben Jahre das herrschaftliche Eigengericht nahe der Kirche, um in den Angelegenheiten der hessisch-landgräflichen Leibeigenen zu entscheiden.

Nach dem Ortseingangsschild führt die »Hallstraße« steil hinab. Wir folgen ihr, bis wir rechts in die »Brunnenstraße« abbiegen. Auf ihrer rechten Seite befindet sich die Kirche. Jetzt biegen wir rechts in die »Talstraße« ein. An der »Mittelpunktschule oberes Perftal« vorbei gelangen wir nach Niedereisenhausen.

Auf der »Sandstraße« überqueren wir die Perf und fahren an ihrem rechten Ufer entlang, bis sie in die »Schelde-Lahn-Straße« (L 3042) mündet. Wir folgen der Landstraße bis zur Ampelkreuzung. An der Kreuzung fahren wir geradeaus. Nach der Eisenbahnlinie am westlichen Ortsrand macht die vielbefahrene Landstraße einen Rechtsschwenk, um sich dann an die Nordflanke des »Steffenberges« zu schmiegen. Nach etwa 100 Metern biegen wir in einen separat geführten Radweg ein. Wir erklimmen den Kamm zwischen dem Perf- und dem Hörletal, um schließlich bis an den Ortsrand von Niederhörlen zu rollen.

Hinter dem Ortsschild überqueren wir die Landstraße, radeln bergauf, um in die »Gartenstraße« rechts einzubiegen. Wir folgen dem Verlauf der ruhigen Wohnstraße vorbei an einem Kirchenneubau. Alsbald biegen wir links in die »Austraße«, radeln ein kleines Stück bergan und biegen gleich wieder rechts in die »Erlenstraße« ein. Es geht nun auf einem ausgewiesenen und asphaltierten Radweg weiter, der uns nach Oberhörlen geleitet. In Oberhörlen angekommen, ist der zwischen den Häusern kurvenreichen Wegführung bis zur wehrhaften Chorturmkirche im Zentrum des Dorfes zu folgen. Hinter der Kirche wird rechts in die »Hauptstraße« eingebogen. Am Ortsrand schwenkt man links in die Landstraße L 3331 ein, die nach Oberdieten führt. Auf dieser Straße überqueren wir einen flachen Rücken, der das obere Hörletal vom Dietetal trennt. Von diesem Kamm wird uns ein Ausblick auf den gewaltigen, sich in den Berg »Hahn« hineinfressenden Diabassteinbruch gestattet. Wir rollen auf der L 3331 bergab, bis die Straße nach rechts abknickt. Hier können wir, die Landstraße überquerend, links in einen Feldweg einbiegen, der auf den ersten Metern asphaltiert ist, dann aber nach etwa 20 Metern rechts abknickend als Wiesenweg weiterführt. Eine kleine Fichtenschonung am Hang des Dietetales durchfahrend gelangt man parallel zur B 253 an den Auhof, – einem jungen Aussiedlerhof im Dietetal.

An dem Aussiedlerhof vorbei radeln wir an den Fahrdamm der das Tal beherrschenden B 253 und überqueren sie. Dann fahren wir auf der zum Dorf Roth ansteigenden K 32 den gegenüberliegenden Talhang hinauf.

Roth liegt auf einem Sattel zwischen Dietzhölztal und Dietetal unter der Kuppe des »Heiligen Berges«. Es handelt sich um eine »Thalsiedlung«, das heißt, um einen Ort, der die Dienstmannen der einstigen Burg Hessenwald beherbergte.

Wir verbleiben auf der Kreisstraße, bis wir an den Ortsausgang gelangen. Während die Kreisstraße hier einen Bogen beschreibt, führt ein asphaltierter Weg, der den Namen »Schloßbergstraße« trägt, zwischen den letzten Häusern des Dorfes steil aufwärts. Wir folgen diesem Weg hinauf auf den »Heiligen Berg«. Die Steilheit des Anstiegs zwingt uns, trotz guten Asphalts das Rad zu schieben.

Die Sage vom blinden Schimmel gibt eine Erklärung dafür, wie der »Heilige Berg« zu seinem Namen kam: Die Tiere eines Schweinehirten hätten hier auf dem Berg einst eine Glocke aus dem Boden gewühlt. Diese sei nach ihrer Entdeckung von einem blinden Schimmel ins Tal nach Ewersbach gezogen worden. Dort habe der Schimmel gehalten und mit den Hufen auf den Boden gestampft. An dieser Stelle, so meinten die Bauern, wolle Gott seine Kirche gebaut haben. Tatsache ist, daß schon lange vor der Ewersbacher Kirche eine Kapelle auf dem »Heiligen Berg« deren Aufgaben wahrnahm.

Die heute nicht mehr auffindbare **Burg Hessenwald**, zu der die Kapelle gehörte, war 1326 von den hessischen Landgrafen als Stützpunkt zum Ausbau ihres Herrschaftsbereiches im Westen und Süden gegen die Nassauer erbaut worden. Von der Höhe der Kuppe konnte man das Nassauische Dietzhölztal gut überblicken. Außerdem bot sie dem verbündeten Adelsgeschlecht der Bickener, die in Ewersbach einen Sitz hatten, Schutz. Sicherlich diente sie aber auch zu deren Kontrolle. Auch der Breidenbacher Grund – die westlichste Besitzung der Landgrafen – ließ sich durch die Festung militärisch sichern. Schließlich führte die alte »Siegener Straße«, ein mittelalterlicher Höhenweg, der von Köln über Siegen durch das Hinterland nach Marburg und schließlich bis Leipzig führte, unweit des »Heiligen Berges« durch das Mittelgebirge.

Gemessen an den Baukosten, die durch schriftliche Quellen bis in die Gegenwart überliefert sind, muß die Burg Hessenwald eine sehr stattliche Anlage gewesen sein, doch verlor sie bald an Bedeutung. Ihr genaues Schicksal läßt sich nicht mehr rekonstruieren. Nach dem Verlust ihrer militärischen Funktion war sie wohl »Einsparungsmaßnahmen« zum Opfer gefallen und dem Verfall preisgegeben worden.

Auf der Höhe des »Heiligen Berges« endet der Asphaltweg und weicht einer geschotterten Fahrbahn, die uns durch Fichtenschonungen führt.

Nun rollen wir auf der Südseite des Berges den Hang hinab bis hinunter zum Simmersbacher Sportplatz zu Füßen des »Staffelböll«.

Wir lassen den Sportplatz links liegen und rollen am Hang eines Sporns zu unserer Linken abwärts. Auf der Höhe dieses Sporns finden sich noch eindrucksvolle Reste jener Wacholderheide, die einst den gesamten Hangbereich von »Heiligem Berg« und »Staffelböll« einnahm.

Bald gelangen wir an eine Brücke, die die B 253 überspannt, und überqueren auf ihr die Bundesstraße. Hinter der Brücke wird zunächst rechts und sogleich wieder links abgebogen. Nun folgen wir der Markierung des Lixfelder Wanderweges Lix 3, der uns die östliche Abbruchkante eines tektonischen Grabens hinanführt, in dem die Dill ihr Tal bildete. Nahe der Simmersbacher Schutzhütte biegt der ansteigende Asphaltweg links ab und führt dann bis zum Erreichen des Waldrandes geradewegs den Hang hinauf. Kurz vor dem Wald endet auch der Asphalt. Im Wald knickt der Weg nach rechts ab und führt von nun an nahezu hangparallel durch den Bergwald, bis wir nach einiger Zeit das Plateau der Bottenhorner Hochfläche erreichen. Nun verlassen wir den Wald.

Vor uns liegt, scheinbar zum Greifen nahe, die »Angelburg« mit dem Sendeturm. Gleich wird rechts abgebogen. Auf einem Asphaltweg geht es auf den Ortsrand von Hirzenhain zu.

An einem von einer alten Weißdornhecke umschlossenen Garten ist links abzubiegen. Man rollt hinab bis zur K 30, in die rechts einzubiegen ist. Vorbei an der Kirche zur Linken wird das Dorf durchradelt. Schließlich verläßt die steil ansteigende Straße den Ort.

Am Ortsrand biegen wir nun links ab in eine Fahrstraße, die zur Siedlung Bahnhof Hirzenhain führt. Nun fahren wir durch hügeliges Wiesengelände abwärts, die Windräder dreier großer Windkraftanlagen unmittelbar vor uns, bis wir in die Siedlung gelangen.

Wir folgen der Straße durch den Ort, bis wir schließlich auf die L 3043 stoßen, in die links einzubiegen ist. Nun überqueren wir einen Graben, dessen Grund einst die Schelde-Lahn-Bahn durchzog. Hier zweigt die K 53 rechts in Richtung Tringenstein von der Landstraße ab. Durch den Wald führt uns die Straße bergan. Wir erblicken links der Straße einen Waldparkplatz, von dem ein Waldweg zu den Wilhelmsteinen führt. Hier biegt man rechts in einen Waldweg ein, auf dem man ein Stück hinab ins bewaldete Tal der Tringensteiner Schelde fährt. An einer Wegegabelung ist nun links einzuschwenken. Es geht in zahlreichen Kurven wieder sanft bergan, an einem Steinbruch vorbei, bis wir oberhalb Tringensteins in einer Kurve wieder auf die K 53 stoßen.

Das Dorf Tringenstein zu Füßen der Burg ist eine typische Burgsiedlung und verhältnismäßig jungen Datums, denn selbst in den Kellereirechnungen der Burg Tringenstein aus dem Jahre 1481 ist das Dorf Tringenstein noch nicht genannt.

Wir radeln nun in das Dorf. Zwischen den Häusern halten wir uns an die Beschilderung in Richtung Oberndorf und biegen am Dorfbrunnen erneut rechts ab. Dem steilen Weg wird nun auf den Schloßberg gefolgt. Hier befindet sich ein maßstabgetreues Modell der einstigen Burg, die längst das gleiche Schicksal ereilt hat wie ihre Nachbarn.

Der Tringenstein war von Anfang an heftig umkämpft. Nachdem Heinrich von Nassau die erste Runde in der hundertjährigen Dernbacher Fehde für sich entscheiden konnte, verspielte sein Sohn Otto den errungenen Vorteil gegen die mit den Dernbachern verbündeten Herren von Bicken, denen er die Burg Wallenfels (s. u.) überlassen mußte. Nach seinem Tode sah seine Frau Adelheid, die in Dillenburg residierte, den Norden und Osten ihres Herrschaftsbereiches ungeschützt gegen die alten, wieder erstarkenden Feinde. Ungeachtet der Tatsache, daß der »Murstein« auf dem Gebiet der feindlichen Bickener lag, ließ sie den strategisch ausgezeichnet gelegenen Berg durch den Bau der Burg Tringenstein befestigen. Auch die Kontrolle über die »Hohe Straße« gewann man nach dem Verlust von Wallenfels durch den Bau der neuen Burg wieder.

Dies beschwor nun eine Fehde mit den Bickenern herauf. Nach vier Jahren des gegenseitigen Brandschatzens und Mordens (in den Fehden der Adeligen war es üblich, vor allem die hörige Bevölkerung des jeweiligen Gegners zu plündern und zu morden), konnte Nassau sich durchsetzen. Die Ritter von Bicken mußten den Tringenstein als Nassauischen Besitz anerkennen.

Für das Ansehen der Burg Tringenstein war es in der Folge von großer Bedeutung, daß es dem Sohn Adelheids, Johann von Nassau, gelang, Tringenstein zum Nassauischen Gerichtssitz zu ernennen. Damit konnte er die

Auf dem Tringenstein

Gerichtsbarkeit über seine Hörigen in der Region dem Gericht derer von Bicken entziehen. Nassau war damit ein weiterer Schritt zur Festigung seiner Macht im Schelderwald gelungen.

Am Ende des 15. Jahrhunderts hatte Tringenstein, wie alle Höhenburgen, seine militärische Bedeutung eingebüßt. Es wäre nicht verwunderlich gewesen, wäre die Burg nun dem Verfall anheim gefallen. Doch Dank ihrer Lage inmitten des landgräflich Nassauischen Jagdreviers im Schelderwald avancierte sie zum Jagdsitz.

Im Jahre 1472 wurde sie weiter ausgebaut und verschönt und diente später gar als zeitweise Residenz der Grafen von Dillenburg-Nassau.

Am Anfang des Dreißigjährigen Krieges erlebte Tringenstein seine letzte Blüte. Als 1625 in Dillenburg die Pest ausbrach, ließ der Nassauische Graf Ludwig Heinrich Tringenstein renovieren, um hier mit seiner Familie der Seuche zu entgehen.

Als man im Jahre 1725 das Gericht Tringenstein auflöste, verfiel schließlich auch diese Burg.

Nach Besichtigung der Reste von Burg Tringenstein, rollen wir auf dem gleichen Weg den Schloßberg wieder hinab. Durch die Siedlung geht es nun zurück bis zur K 53, in die in Richtung Hirzenhain eingebogen wird. Am Tringensteiner Sportplatz vorbei radeln wir die Straße bis zum Waldrand hinauf. Nach kurzer Strecke, die Kreisstraße wendet sich sanft nach links, erreichen wir einen unbefestigten Waldweg, dem wir auf dem Bergrücken verbleibend folgen. Auf dem schlecht befestigten, leicht ansteigenden Waldweg gelangen wir nach einigen hundert Metern an die aus dem Wald emporragenden imposanten Felsen.

Die »**Wilhelmsteine**« sind Klippen aus verkieseltem Roteisenstein (Porphyr). Während des Erdmittelalters wurden sie aus dem umliegenden Gestein herauspräpariert. Sie erhielten ihren Namen, seit im Jahre 1830 der Nassauische Graf Wilhelm hier Rast hielt. Es spricht eini-

Die Wilhelmsteine

ges dafür, daß die Felsen schon in vorchristlicher Zeit bei kultischen Riten von Bedeutung waren.

Hinter der Felsformation, die in ihrer Ausrichtung der Kammrichtung des Schelderwaldrückens folgt, biegen wir rechts ab auf einen Waldweg. Weiter unten gelangen wir an eine Kreuzung. Wir überqueren sie und schlängeln uns auf einem versteckten Hohlweg bis an den oberen Rand der kleinen Siedlung Wallenfels im oberen Siegbachtal. Versteckt zwischen Wäldern, in einem engen, aber windgeschützten Kerbtal gelegen, träumt das Dörfchen scheinbar auch heute noch einen Dornröschenschlaf.

Schon der Bergebersbächer Pfarrer Karl Nebe beschreibt **Wallenfels** in seinen »Burgfahrten« 1914 besonders malerisch: »Ein kleiner steil abfallender Hügel schiebt sich von der Höhe ins Tal hinein, und unten im Tal schmiegen sich im Halbkreis ein dutzend schmucker

Häuser an den Hügel an wie Kücklein an die Henne.« Noch heute stellt sich der Blick auf Wallenfels nicht anders dar. Die Burg stand einst auf dem Sporn, der das Dorf in zwei Hälften – der »Ober«- und der »Untergasse« gliedert.

Schon bevor die Marburger Landgrafen an dieser Stelle im Jahre 1300 die Burg errichteten, war der Platz für die Menschen der Region von Bedeutung. So war Wallenfels in frühgeschichtlicher Zeit die Gerichtsstätte eines Zehntgerichts. Die Zehnt bildete im frühen fränkischen Reich die kleinste Verwaltungseinheit. Selbst vor dieser Zeit mag der Platz von Bedeutung gewesen sein, fand sich doch zu Anfang unseres Jahrhunderts eine Feuersteinspitze auf dem Burgberg. Der politische Sinn der Anlage bestand für die Landgrafen darin, ihren Schützlingen, den Rittern von Dernbach und von Bicken, den Rücken in ihrem Streit mit den Nassauern freizuhalten.

Nach der Vertreibung der Dernbacher aus Herborn-Seelbach gelang es den Nassauern um 1325 auch, die Burg Wallenfels zu erobern und sich hier festzusetzen. Im Zuge von Friedensverhandlungen mußten die Hessischen Landgrafen schließlich gute Miene zum bösen Spiel machen und gestanden den Nassauern 1334 die Burg als Lehen zu. Lange blieben aber auch die Nassauer nicht im Besitz der Burg, denn nach dem Tode ihres Eroberers, Heinrich von Nassau, sah sich sein Sohn Otto, durch zahlreiche Fehden in Schulden geraten, gezwungen, die Burg an die Herren von Bicken zu verpfänden.

Noch häufig wechselte Wallenfels seinen Besitzer, bis es gegen Ende des 15. Jahrhunderts wieder an Nassau zurückfiel. Da aber die Verbreitung der Feuerwaffen inzwischen zu einer Änderung der Kriegstechnik geführt hatte, verlor die Burg ihre Bedeutung als Grenzfeste und verfiel.

Nun rollen wir vom Waldrand die steile und enge Gasse zwischen den kleinen Gehöften hinab, um unterhalb des alten Burgsporns auf das Gebäude der Feuerwehr zu stoßen. Hier treffen wir auf die K 54, auf der wir nun dem Verlauf des zur Linken gelegenen Siegbaches abwärts folgen. Alsbald bietet sich die Möglichkeit, links in einen asphaltierten Weg einzuschwenken, um so den jungen Siegbach zu überqueren. Jenseits des Baches führt der Weg noch einmal etwa 200 m aufwärts. Auf der Höhe findet sich eine Kreuzung, die überquert wird, um dann durch das Quelltal der Salzböde abwärts zu rollen, bis man Hartenrod erreicht.

In Hartenrod wird die Eisenbahnbrücke unterquert und dahinter links in die L 3050 – die hier »Hauptstraße« heißt – eingeschwenkt. Wir folgen der Straße durch das Dorf, bis ein kleiner Wegweiser (rechts) uns anweist, rechts in die »Salzbödestraße« einzubiegen. Gleich darauf ist unmittelbar vor der Salzböde in einen kleinen geschotterten Weg links einzubiegen. Wir folgen dem stetig und sanft abwärts durch die Bachaue führenden Weg und gelangen vorbei an den Anlagen des neuen Kurparks bis nach Bad Endbach.

Hinter dem Kurpark geht der ausgewiesene Rad- und Fußweg über in den »Grundweg«, an dessen Ende wir rechts in die Straße »Am Kurpark« einschwenken. Nun überqueren wir die Salzböde und folgen dem Verlauf der Straße »Am Kurpark«, die schließlich auf die »Herborner Straße« stößt. Hier noch einmal links, und endlich haben wir nach einer langen Tour mit vielen Steigungen das Kur und Bürgerhaus von Bad Endbach erreicht.

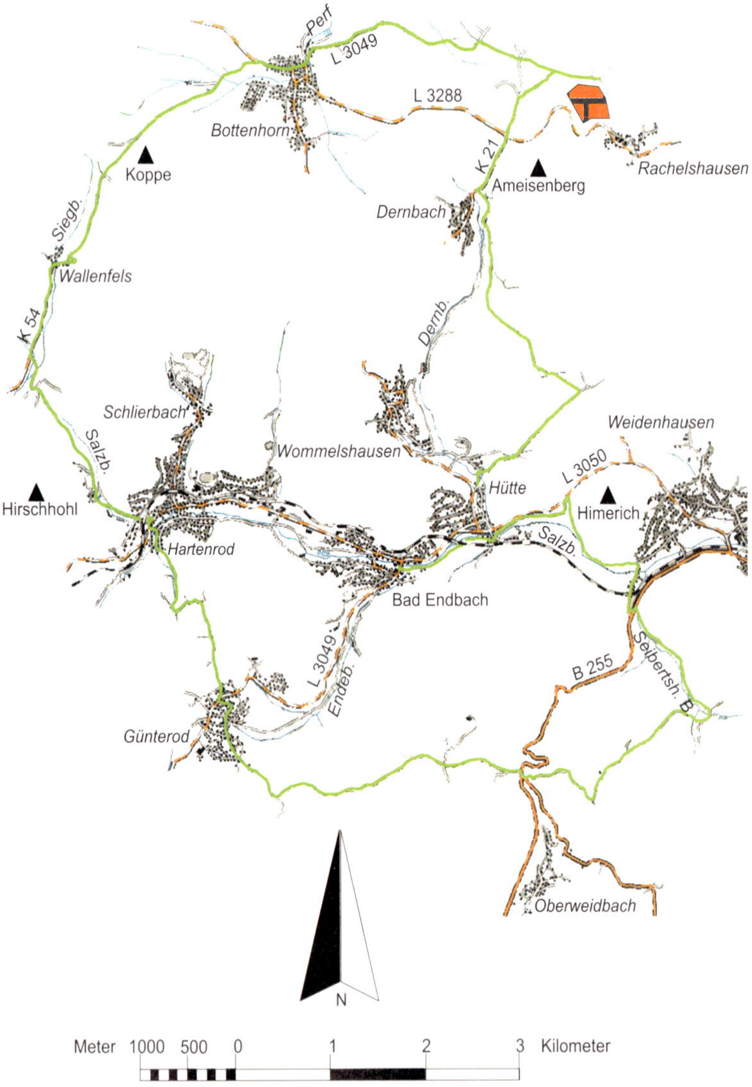

Perf
L 3049
L 3288
Bottenhorn
Koppe
K 21
Ameisenberg
Rachelshausen
Dernbach
Siegb.
Wallenfels
K 54
Dernb.
Schlierbach
Weidenhausen
Wommelshausen
Salzb.
L 3050
Hütte
Hirschhohl
Himerich
Hartenrod
Salzb.
Bad Endbach
L 3049
B 255
Seibertsh. B.
Endeb.
Günterod
Oberweidbach
N
Meter
1000
500
0
1
2
3
Kilometer

4. Der »Hegeweg« – Mittelalterliche Grenzbefestigungen im Lahn-Dill-Bergland

Bad Endbach – Günterod – Hartenrod – Wallenfels – Bottenhorn – Dernbach – Hütte – Bad Endbach

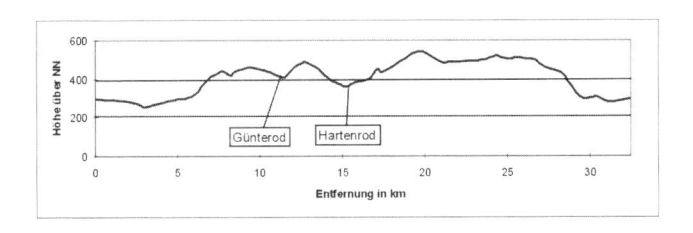

Ausgangspunkt: Kur und Bürgerhaus Bad Endbach
Endpunkt: Kur- und Bürgerhaus Bad Endbach
Distanz: ca. 35 km
Bewertung: schwer

Hinweise: Die Route zeichnet sich weniger durch außergewöhnliche Länge als durch die langen Steigungsstrecken aus. Der Blick auf das Streckenprofil läßt dies bereits erahnen. Darüber hinaus führen große Teile der Strecke durch Waldgebiete. Dies macht es unumgänglich, daß die Route oft über grob geschotterte Wege führt. Eine gute Kondition ist für die Bewältigung der Strecke notwendig.

Auf dem Hegeweg folgen wir dem ungefähren Verlauf eines mittelalterlichen Grenzsicherungssystems. Leider lassen sich von diesem Monument nur noch schwache Spuren im Gelände auffinden.
Die Hege – auch als »Gebück« bezeichnet – bestand aus ei-

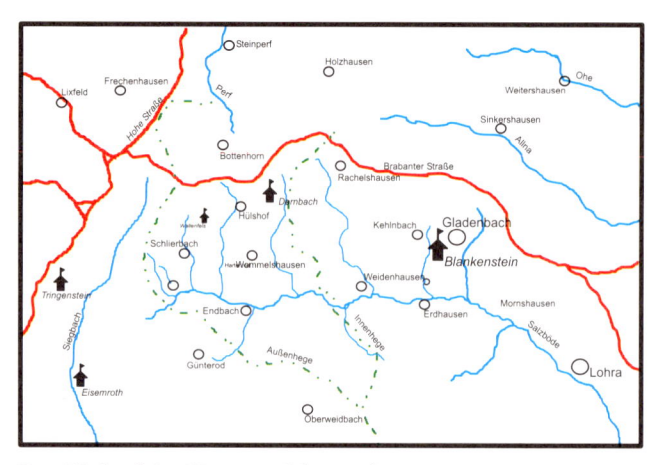

Der Verlauf der Hege im Obergericht

nem schmalen Gehölzstreifen. Man pflanzte dazu meist Hainbuchen an, deren junge Schößlinge man zur Erde niederbog, wo sie verwurzelten, um wieder neue Triebe zu bilden. Auf diese Weise entstand allmählich ein nahezu undurchdringliches Dickicht, daß unter Androhung schwerster Strafen vor Beschädigung gesichert wurde.

Zwischen 1297 und 1307 ließ der hessische Landgraf zunächst die »Innere Hege« anlegen. Sie führte vom »Hünstein« über den »Daubhaus« oberhalb Rachelshausen, dann das Salzbödetal querend, westlich an Weidenhausen vorbei über die Schneeberge bis nach Frohnhausen an der Lahn. Nach dem Bau von (Neu)-Dernbach wurde weiter westlich eine zweite »Hege« angelegt. Der hessische Landgraf bezog die Dernbacher geschickt in seine Expansionspläne ein, indem er mit der Anlage ihrer Burg und der Anpflanzung der »Hege« das obere Salzbödetal seiner Herrschaft angliederte.

Das Kur- und Bürgerhaus liegt in unserem Rücken, wenn wir die »Herborner Straße« überqueren und in den »Bornweg« hinabradeln. Dann radeln wir auf einem schotterbefestigten Weg am Waldrand entlang, unterqueren den Eisenbahnviadukt und treffen bald auf einen zweiten Viadukt an der Einmündung des Wildbachtals in das Salzbödetal. Hier hält man sich links und fährt zwischen einer kleinen Teichanlage rechts der Straße »An der Steinhecke« und einem Kneipptretbecken zur Linken hindurch. Es wird nun rechts eingebogen. Parallel zur Landstraße gelangen wir weiter Talabwärts. Kurz hinter der Kläranlage stößt der bis dahin asphaltierte Radweg an die Landstraße. Wir biegen rechts ab in einen Schotterweg, der am Waldrand entlang die Südflanke des »Himerich« über der Salzbödeaue umrundet.

Vor den ersten Häusern des Gladenbacher Ortsteils Weidenhausen biegen wir jetzt rechts ab. Wir überqueren die Salzböde und fahren zwischen einem Aussiedlerhof rechts und den Gebäuden der alten Waldmühle hindurch.

Hinter der Mühle unterqueren wir die Eisenbahnbrücke. Nach etwa hundert Metern stoßen wir auf die B 255, überqueren sie und fahren auf der anderen Seite wieder einige Meter talabwärts. Wir überqueren den Seibertshäuser Bach. Gleich darauf biegt ein schotterbefestigter Wirtschaftsweg rechts ein und führt zwischen Bach und bewaldetem Hang bachaufwärts. Das mit Erlen bestandene Gewässer weist hier ein sehr naturnahes Bild auf. Nach 50 m erreichen wir ein Tretbecken, das auf der anderen Bachseite gelegen, über eine kleine Brücke zu erreichen ist. Einige Bänke und ein kleiner Tümpel laden zum verweilen ein. Denn vor uns liegt eine lange Steigungsstrecke vom Seibertshäuser Bach bis hinauf auf die Sattelhöhe, die die Wasserscheide von Aar und Salzböde bildet.

Der Name des Baches erinnert an das Dorf **Seibertshausen**, das aber schon vor 1577 aufgegeben wurde. Verlassene Siedlungsplätze wie dieser sind in Deutschland zahlreich belegt. Sie werden als Wüstungen bezeichnet. Die

Gründe für das Wüstfallen waren oft sehr unterschiedlich. Es kam vor, daß die Bewohner einer Siedlung einer der zahlreichen Pestepidemien des Mittelalters zum Opfer fielen. Dörfer wie Seibertshausen waren überhaupt erst aufgrund des starken Bevölkerungszuwachses entstanden. Ihre Bewohner waren gezwungen, Böden in Grenzertragslagen zu bewirtschaften. Als die zunehmend selbstbewußter werdenden Städte, wie auch die verbesserten Anbaumethoden im Altsiedelland den Bevölkerungsdruck minderten, wurden diese Siedlungen wieder aufgegeben. Die jüngsten Wüstungen sind allerdings eine Folge des Dreißigjährigen Krieges, als im Verlaufe der Kriegshandlungen ganze Regionen verheert und entvölkert wurden.

Wir radeln an einigen Forellenzuchtteichen in der Bachaue entlang und erreichen schließlich eine Wegekreuzung. Dort biegen wir rechts ab in die Aue. Unter der Dammkrone eines weiteren Forellenteiches überqueren wir den Bach. Der Weg macht eine Rechtskehre und wendet sich auf der jenseitigen Bachseite wieder talabwärts. Wir folgen ihm, bis wir links des Weges an einer Bank vorbeifahren. Ein von schönen, alten Ahornbäumen gesäumter Nebenbach des Seibertshäuser Baches wird überquert. Schließlich folgen wir einem links vom Hauptweg abzweigenden Waldweg, der am linken Hang einer auf der Sohle zunächst noch waldfreien, sich tief in das Relief einschneidenden Bachschlucht in den Bergwald hinaufführt. Orientierung vermittelt uns hier die Wanderwegbezeichnung X Gr. Sie läßt sich entlang des Weges immer wieder finden, bis wir die Zollbuche auf der Sattelhöhe zwischen den Gewässersystemen von Salzböde und Aar erreichen.

Kurz unter der Sattelhöhe macht der Weg eine Rechtskehre und überspringt den Bach nahe seines Quellhorizontes. Kurz darauf erreichen wir die L 3047 an ihrer Einmündung in die B 255.

In die L 3047 wird nun rechts eingebogen, um daraufhin vorsichtig, die hier sehr unübersichtliche Bundesstraße zu überqueren und auf der gegenüberliegenden Seite auf einem Asphaltweg wieder in den Wald bei der »Zollbuche« einzutauchen.

Wir folgen nun einem Hinweisschild »Waldgaststätte Endbacher Platte«.

In der Waldgaststätte, die unweit unserer Route im Wald liegt, ist ein Imbiß nach dem langen und mühevollen Aufstieg durchaus angenehm, doch verlassen wir den Asphaltweg zur Gasstätte dort, wo er nach rechts abknickt und fahren auf geschottertem Wege – auf der Wasserscheide verbleibend – weiter. An einem Abzweig, an dessen linker Gabel eine Markierung – A für »Aartalseeweg« – angebracht ist, halten wir uns rechts, um nicht ins Aartal hinunter zu geraten. Bald lichtet sich der Wald. Durch die offene Flur oberhalb Günterods rollen wir auf das Dorf zu.

In Günterod angelangt durchradeln wir das Dörfchen auf der »Dorfstraße«, bis sie auf den »Bergweg« stößt. Hier geht es nun sehr steil aufwärts. An den letzten Häusern von Günterod vorbei radeln wir in die Felder oberhalb des Ortes. Es empfiehlt sich, das Rad an der ca. 350 m langen Steigungsstrecke bis auf den Bergrücken zu schieben. Oben angelangt, geht es nun genauso steil durch den Wald wieder bergab. Der asphaltierte Weg macht nach kurzer Fahrt einen scharfen Linksknick. An dieser Ecke bietet sich ein schöner Blick ins Schlierbachtal mit dem Dörfchen Schlierbach und der Bottenhorner Hochfläche im Hintergrund.

Weiter geht es nun in zahlreichen Kehren auf dem asphaltierten Weg zwischen Wald und hübschen Streuobstwiesen hinab nach Hartenrod.

Kurz vor dem Ortseingang ist Vorsicht geboten! Eine quer über den Weg verlaufende Rinne kann unangenehme Überraschungen bereiten. Es wird unbedingt empfohlen, vor dem Erreichen der Häuser stark abzubremsen. Wir rollen nun den ganzen »Wetzlarer Weg« hinab, bis wir auf die »Hauptstraße« stoßen, in die wir rechts einbiegen. Nach wenigen Metern verlassen wir diese Straße wieder und biegen links in den »Waldweg« ein. Nun geht es unter der Eisenbahnlinie hindurch. Hinter der Bahnlinie zweigt rechts der Weg »Am Spatwerk« ab.

Der Straßenname weist darauf hin, daß es hier bis in die 50er Jahre hinein ein **Schwerspatwerk** gab. Der in diesem Werk verarbeitete Schwerspat war wegen seiner besonderen Qualität im In- und Ausland bekannt. Der in der Industrie begehrte Rohstoff wurde in der Nachbarschaft in zwei Gruben abgebaut. Werk und Gruben beschäftigten um 1900 zwischen 150 und 180 Personen.

Wir folgen dem »Waldweg« beständig bergauf. Den Rasensportplatz von Hartenrod lassen wir links liegen und radeln am Waldrand vorbei. Im Wald erkennt man die Reste bergbaulicher Tätigkeit. Hier sind die Überreste der Schwerspatgrube »Bismarck« zu finden.

Schließlich erreichen wir am Talschluß eines der Salzbödequelltäler die Wasserscheide zwischen Siegbach und Salzböde. Hier befand sich einst einer der befestigten Durchlässe durch die Außenhege.

An dem Wegeknoten an dem wir uns nun befinden, biegen wir halblinks in den asphaltierten Weg ein und rollen hinab ins Siegbachtal. Wir überqueren den Siegbach und biegen auf der anderen Seite rechts in die K 54 ein. Ihr folgen wir, bis wir den versteckten Weiler Wallenfels erreichen. Am Feuerwehrhaus biegen wir rechts in die »Obergasse« ein. Wir durchfahren sie bis zum Ortsende und folgen nun dem asphaltierten Weg weiter, der sich in mehreren Kehren den Hang des beschaulichen Tals hinaufwindet.

Wir haben nun die Bottenhorner Hochfläche erreicht. An einer Kreuzung – der asphaltierte Weg knickt nach rechts ab – fahren wir auf einem geschotterten Waldweg weiter geradeaus. Zu unserer Rechten im Wald versteckt, liegt die flache Kuppe der »Koppe«. Hier lag das zweite der beiden Bergwerke, die das Schwerspatwerk in Hartenrod mit Rohstoffen versorgte. Bald stoßen wir auf einen Weg, auf dem sich zwischen der Basaltschotterung noch ein altes grobes Pflaster erkennen läßt. Wir folgen nun ein Stück der »Hohen Straße«.

Die »**Hohe Straße**« war Glied eines Fernstraßennetzes, daß die Stadt Herborn an die wichtige »Brabanter Straße« anband. Die »Brabanter Straße« bildete eine der Hauptverkehrsachsen zwischen den Niederlanden im Westen und Leipzig im Osten.

Die alten Höhenstraßen kreuzten sich zu Füßen der Angelburg.

Die Fernstraßen des Mittelalters mieden die feuchten und sumpfigen Tallagen und folgten statt dessen den Mittelgebirgskämmen. Erst in der Neuzeit erlaubte der Bau von Brücken und Chauseen eine direkte Anbindung der Täler und Ortschaften an den Fernstraßenverkehr.

Nun wird unser Weg von einer alten Lindenallee beschattet. An ihrem Ende öffnet sich uns der Blick auf die »Strut«. Die »Strut« ist eine alte Heidefläche, auf der sich heute der Bottenhorner Segelflugplatz befindet.

Am Abzweig zum Luftsporthaus geht der alte Weg wieder in eine asphaltierte Strecke über. Vor uns liegt nun das Dorf Bottenhorn mit den Windrädern auf der »Scheid« im Hintergrund. Unser Weg stößt kurz vor dem

Ortsrand Bottenhorns auf die L 3288, in die wir rechts einbiegen. Die Landstraße, die im Ortsinneren »Kirchstraße« heißt, führt uns durch das Dorf, das wir dann in Richtung Steffenberg-Steinperf verlassen. Wir folgen der Straße weiter bis wir an eine einsame Linde zur Rechten stoßen. Bei ihr zweigt rechts ein Weg von der Landstraße ab. Nach etwa 150 m geht der asphaltierte Weg in einen Schotterweg über, der die offene Feldflur des flachen Muldentales des Hausebaches schneidet.

An einem Waldrand angekommen, biegt der Weg links ab, um dann endgültig in den Wald einzutauchen. An einer Wegekreuzung biegen wir rechts ein und folgen nun dem Waldweg über zwei weitere kreuzende Waldwege hinweg. Bald erreichen wir die obere Kante des Rachelshausener Diabassteinbruchs. Hier haben wir den Schnittpunkt der »Inneren Hege« mit der »Hohen Straße« erreicht. Wer die Straße verläßt und das Gelände links des Weges im Wald untersucht wird auf die Reste von Wällen stoßen, die den Durchlaß vor unbefugtem Eintreten schüttzten.

Der sich nach Süden öffnende **Rachelshäuser Steinbruch** mit seinem schwarzen Diabasgestein bewirkt in dem inzwischen unter Naturschutz stehenden Felsenkessel die Ausbildung eines Wärmeklimas, in dem sich auch solche Tier- und Pflanzenarten wohl fühlen, die in unseren Breiten sonst nicht heimisch sind.

Nun radeln wir vom Steinbruch ein Stück des Weges zurück, bis sich die Möglichkeit bietet, links abzubiegen. Diesem Weg folgen wir bis er in einen Querweg einmündet, in den ebenfalls links einzubiegen ist. Wir stoßen am Landratskreuz alsbald auf die L 3288.

Wir überqueren die Landstraße und rollen auf der K 21 auf Dernbach zu. Kurz vor dem Ort bremsen wir scharf ab, um in den links abzweigenden Weg zum Sportplatz hineinzufahren. Unterhalb des Sportplatzes gelangen wir an eine Wegegabel.

Hier wählen wir den linken Abzweig, der uns in den Wald am »Ameisenberg« hineinführt. (Bei sehr nasser Witterung empfiehlt es sich, den rechten Abzweig zu wählen, um auf ihm dem Dernbach beständig folgend nach Hütte zu gelangen, wo er wieder auf den »Hegeweg« trifft.)

Bei der nächsten Wegegabel nehmen wir den unteren Weg. Wir durchqueren nun einen sehr schönen Eichwaldbestand, der gelegentlich auch von Buchen und Kiefern durchsetzt ist.

An der vierten Gabelung geht es auf dem rechten Weg weiter. Schließlich erreichen wir den unteren Waldrand des »Ameisenberges« und rollen durch das offene Feld hinab bis auf einen Asphaltweg. In diesen wird rechts eingebogen, um auf den Riegel zu gelangen, der den Römershäuser Bach vom Dernbach trennt.

An einem Wegeknoten radeln wir geradeaus, hinab nach Hütte. Auf einer Brücke überqueren wir den Dernbach und biegen alsdann links ein in die Straße »Am Brühl«. Ihr folgen wir abwärts, bis sie in die »Uferstraße« mündet. Jetzt wird links eingebogen. Die »Uferstraße« stößt auf die das Salzbödetal erschließende Landstraße, die überquert wird, um »In der Steinhecke« über die Salzböde zu gelangen. Es geht nun auf den kleinen Eisenbahnviadukt zu, vor dem wir aber rechts einbiegen. Nun fahren wir an der Salzböde entlang talaufwärts unterqueren den großen Eisenbahnviadukt und gelangen schließlich auf einem von Birken begleiteten Radweg nach Bad Endbach. Hier stoßen wir auf die »Herbornerstraße«. Auf der gegenüberliegenden Seite befindet sich das Kur- und Bürgerhaus, Ziel unserer Fahrt.

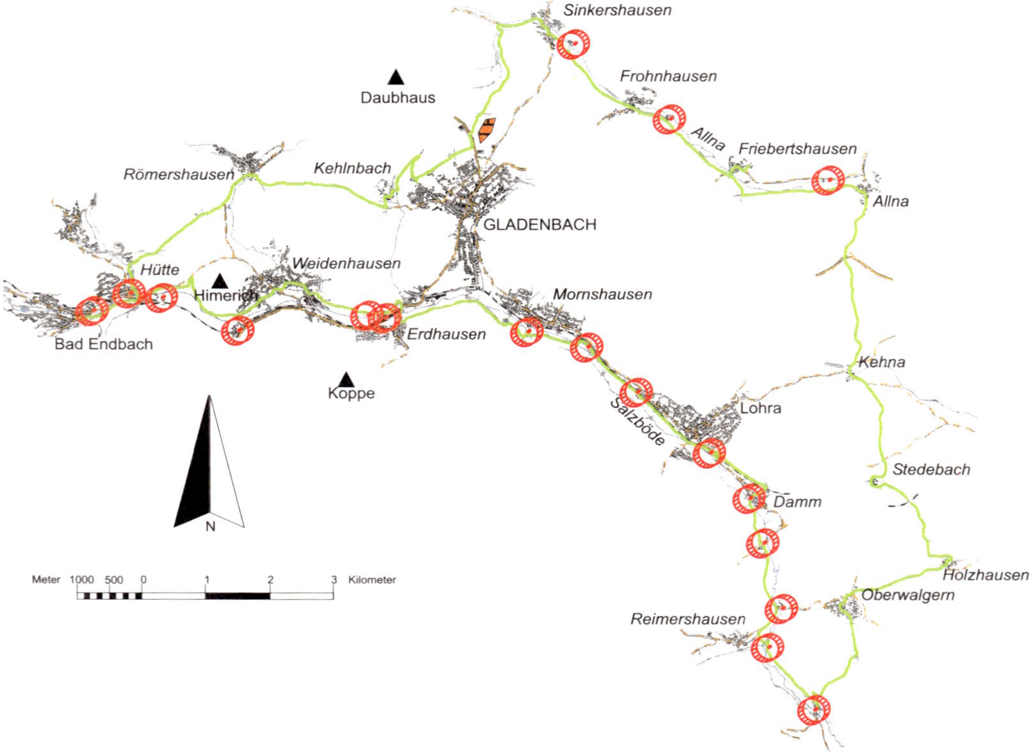
Sinkershausen
Frohnhausen
Daubhaus
Allna
Friebertshausen
Römershausen
Kehlnbach
Allna
GLADENBACH
Hütte
Weidenhausen
Himerich
Mornshausen
Bad Endbach
Erdhausen
Kehna
Koppe
Lohra
Salzböde
Stedebach
Damm
N
Holzhausen
Meter 1000 500 0 1 2 3 Kilometer
Oberwalgern
Reimershausen

5. Der »Mühlenweg« – Mühlen in den Tälern von Salzböde und Allna

Bad Endbach – Weidenhausen – Erdhausen – Mornshausen – Lohra – Damm – Reimershausen – Oberwalgern – Holzhausen – Stedebach – Kehna – Allna – Friebertshausen – Frohnhausen – Sinkershausen – Gladenbach – Kehlnbach – Römershausen – Hütte – Bad Endbach

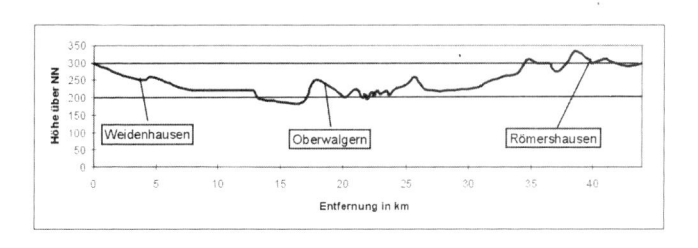

Ausgangspunkt: Kur- und Bürgerhaus Bad Endbach
Endpunkt: Kur- und Bürgerhaus Bad Endbach
Distanz: ca. 45 km
Bewertung: mittel

Hinweise: Die Strecke ist recht lang, weist aber nur mäßige Steigungen auf.

Noch zu Ende des 19. Jahrhunderts standen allein an der Salzböde zwischen Hartenrod und Odenhausen – auf einer Strecke von ca 25. km – 41 Mühlen. Die Wasserkraft von Salzböde und Allna wurde genutzt, um Getreide-, Öl- und Schmelzmühlen zu betreiben. Dabei kam es nicht selten vor, daß die Funktion der Mühlen im Laufe der Jahrhunderte wechselte.

Schon nach dem Ersten Weltkrieg stellten viele der Mühlen den Betrieb ein. Sie konnten mit den neuen, elektrisch betriebenen, zentral angelegten Großmühlen nicht mehr konkurrieren. Ihre letzte Blütephase erlebten die kleinen Mühlen nach dem Zweiten Weltkrieg. Damals waren viele der Zentralmühlen infolge der Kriegseinwirkungen zerstört.

Zunächst starten wir am Kur- und Bürgerhaus, überqueren die »Herborner Straße«, um in der Salzbödeaue in östlicher Richtung bachabwärts zu radeln. Kurz hinter dem Gemeindehaus der »Freien evangelischen Gemeinde« endet die asphaltierte Straße und geht in einen Weg mit wassergebundener Decke über. Am schattigen Waldrand entlang führt der Weg auf den denkmalgeschützten Eisenbahnviadukt zu. Schon bald sehen wir auf der anderen Seite des Tales die erste Mühle.

Die **Krebsmühle**, an der Grenze zwischen den Gemarkungen von Bad Endbach und Wommelshausen an der Salzböde gelegen, ist eine von ursprünglich vier Mühlen in der Gemeinde Bad Endbach. Heute wird sie nicht mehr betrieben und befindet sich in Privatbesitz.

Wir unterqueren den Viadukt und biegen am zweiten Viadukt links ab. Nun geht es weiter in Richtung Klärwerk. Von der Straße zum Klärwerk aus können wir eine zweite Mühle sehen.

Auf der gegenüberliegenden Talseite, unterhalb der Bahnlinie, steht die alte **Plockenmühle** am Rande der Aue. Auch hier ist der Mühlenbetrieb stillgelegt, aber eine Turbine erzeugt nach wie vor Strom.

Weiter geht es am Klärwerk vorbei bis zur L 3050. Dort schwenken wir rechts in den Feldweg ein, der den »Himerich« umrundet.

Am Ortseingang von Weidenhausen angekommen, blicken wir auf der anderen Salzbödeseite auf die **Waldmühle**. Sie bestand ursprünglich aus zwei Mühlen, der Oberen und der Unteren Waldmühle. Beide Mühlen verfügten über zwei Mahlgänge. 1901 brannte zunächst die Obere Waldmühle, 1921 die Untere Waldmühle ab. Mit dem anschließenden Neubau der Oberen Waldmühle ging die Umrüstung zu einer Schwerspatmühle einher, in der Farben hergestellt wurden.

Auf der »Mühlenstraße« fahren wir nach Weidenhausen hinein.

Am Ende der »Mühlstraße« geht es über die L 3050 hinweg. Wir lassen die Tankstelle halblinks liegen, um sodann zwischen jüngst erstellten Gebäuden verschiedener Märkte durch den »Südring« hindurchzuradeln. Wir überqueren auf einem Holzsteg einen kleinen Nebenbach der Salzböde und gelangen abermals in eine Wohnstraße. An ihrem Ende biegt man rechts ab. Dann halten wir uns gleich wieder links und radeln an einer Fabrik zu unserer Rechten entlang.

Anfang des 18. Jahrhunderts stand an dem Platz der heutigen Fabrikanlage mit dem Namen **Justushütte** eine Mahlmühle, die 1834 zu einem Hüttenbetrieb umgestaltet wurde. In den Hochöfen der Justushütte wurden Eisenerze verhüttet und weiterverarbeitet. Nachdem 1883 die Verhüttung eingestellt wurde, arbeitete sie als Eisengießerei, in der Herde und Öfen hergestellt wurden. Seit 1960 begann man auch mit dem Werkzeugmaschinenguß und dem Formenbau. Noch in den 80er Jahren zählte die Hütte 380 Beschäftigte.

Hinter dem Gelände der Hütte geht es rechts den Hang hinauf in Richtung Turnerheim. Hier endet die Asphaltstrecke. Auf geschottertem Weg mit zahlreichen Schlaglöchern fährt man Erdhausen entgegen.

Zwischen Weidenhausen und Erdhausen befindet sich am linken Salzbödeufer gelegen die **Kuhrtsmühle**. Als der Mühlbetrieb 1945 eingestellt wurde, hat sich in ihren Gebäuden ein landwirtschaftlicher Betrieb eingerichtet.

Von hier an ist der Weg wieder asphaltiert. Am sonnigen Hang entlang rollen wir nun hinunter in die Aue und sehen unter uns zur Rechten die Obere Blaumühle liegen.

Regionale Produkte und Mühlenbesichtigung
Die **Obere Blaumühle** besteht, wie die Krebsmühle, schon seit dem 16. Jahrhundert. Eine zweite Mühle, die Untere Blaumühle, war 1909 einem Brand zum Opfer gefallen. Heute betreibt die Familie Scheld die Mühle neben der Landwirtschaft. Von besonderem Interesse ist die Blaumühle deshalb, weil Herr Scheld seine traditionsreiche Mühle für Besichtigungen zur Verfügung stellt. Auch heimische Brot- und Wurstwaren zur Ergänzung des Reiseproviants kann man in der Blaumühle erstehen. Bei Interesse an einer Besichtigung kann vorher Absprache mit Herrn und Frau Schmidtsdorff getroffen werden.
Öffnungszeiten: Hofladen, Mo – Fr 9.00 Uhr – 18.00 Uhr, Sa 9.00 Uhr – 12.00 Uhr;
Kontakt: Axel und Sabine Schmidtsdorff, Blaumühlenweg 9, 35075 Gladenbach, Tel.: 06462/ 8474

Kunst im Dorf
Schräg gegenüber der Blaumühle befindet sich das Künstlerhaus Lenz. Zwischen 1925 und 1948 lebte hier der Maler Karl Lenz. Hauptthema seines künstlerischen Schaffens war das bäuerliche Leben im Hinterland. In dem Cafe, das inzwischen im Refugium des Malers eingerichtet wurde, lassen sich viele Originale des Künstlers betrachten.
Öffnungszeiten: täglich außer montags, 11.00 – 24.00 Uhr
Kontakt: Lore Brodhag, Tel.: 06462/1056

Weiter geht es an mehreren Fabrikanlagen am Rande Erdhausens entlang, bis wir an die B 255 stoßen. Diese wird überquert, um in die »Turmstraße« zu gelangen. Nach ca. 150 m ist links in den »Bruchstücksweg« einzuschwenken.

Wie es die zahlreichen modernen Industriebauten erahnen lassen, spielte für die Erwerbswirtschaft des 1324 erwähnten Dorfes **Erdhausen** zu Füßen der »Koppe« neben der Landwirtschaft auch die eisenverarbeitende Industrie früh eine bedeutende Rolle. Im 18. Jahrhundert wurde hier, wie in vielen anderen Orten im Hinterland, Erzbergbau auf Kupfer, Nickel, aber auch Silber betrieben. Doch schon in der ersten Hälfte des 19. Jahrhunderts begann man damit, Erze zu schmelzen und so u. a. eine metallverarbeitende Industrie aufzubauen.

Auf neuem Asphaltband fahren wir auf der linken Seite der Salzböde entlang nach Mornshausen. Links im Tal liegt die Aurorahütte, auf der Erhöhung darüber die ersten Häuser von Gladenbach.

Da die Geschichte der **Aurorahütte** einen guten Einblick in die Industriegeschichte des Salzbödetals und des gesamten Hinterlandes gestattet, wollen wir an dieser Stelle ausführlicher auf ihren Werdegang eingehen: Schon im Jahre 1569 läßt sich an der Stelle des heutigen Industriebetriebes die Urban-Mühle nachweisen. 1833 verkaufte der letzte Müller die Mühle vor seiner Auswanderung nach Amerika an den Gladenbacher Gastwirt Jakob Heinze. Dieser gründete 1835 mit anderen Teilhabern eine Gesellschaft mit dem Ziel, in der Urban-Mühle eine Schmelze zu errichten. Dort sollten die in den Gruben der Gemarkungen der umliegenden Dörfer abgebauten Erze verhüttet werden. Das Unternehmen scheiterte jedoch am Geldmangel der Gesellschaft. 1849 wurde dann eine zweite Gesellschaft gegründet, um die Nickelerze aus den Gruben in der Gemarkung Bellnhausen zu verarbeiten. Der Leiter dieser Nickelschmelze, E. Kürschner, gab dem Werk den Namen »Aurora«, was Morgenröte bedeutet. Der Verhüttungsprozeß begann in der durch das alte Mühlrad betriebenen Poche. Hier wurden die Gesteine zerkleinert, um dann in einem Flammenofen dem Schmelzprozeß unterzogen zu werden. Den Ofen heizte man mit Holzkohle, die in den umliegenden Wäldern geköhlert wurde. Aus dem Nickel fertigte man Gebrauchsgegenstände an.

Auch die zweite Gesellschaft konnte sich nicht lange halten: Schon 1869 wurde der Betrieb unrentabel, die Stillegung erfolgte im Jahre 1870. Weiter ging es im Jahre 1873, als ein Dortmunder Unternehmer das Werk aufkaufte. Er ließ eine Turbine einbauen und kaufte weitere Nickelgruben an. So wurden ab 1875 täglich 200 kg Nickel verarbeitet. Nach 1887 erlebte dann die Hütte ihre Blütezeit, als der neue Besitzer, I. D. Wehrenbold, von der Nickelverarbeitung auf die Eisengießerei umstellte. In der Aurorahütte wurden von nun an Öfen und Herde produziert.

Nach der Inbetriebnahme der Eisenbahnstrecke Niederwalgern – Herborn konnte die Hütte ohne Schwierigkeiten mit Roheisen und Steinkohle versorgt werden.

Der wichtigste Standortfaktor für die Eisenindustrie waren von nun an die qualifizierten Arbeitskräfte. Als Arbeiterbauern waren sie schon seit Generationen in den industriellen Arbeitsprozeß integriert.

Die industrielle Geschichte verdeutlicht, daß im ländlichen Lahn-Dill-Bergland eine ungewöhnliche Industriestruktur entstanden war, die über lange Zeit eine qualifizierte Industriearbeiterschaft mit guten Einkommen, eine vergleichsweise geringe Arbeitslosigkeit sowie eine in Einzelfällen sehr hohe kommunale Steuerkraft zur Folge hatte. Die einseitige Branchenstruktur und die stark ausgeprägte Fremdbestimmung durch auswärtige Konzerne haben jedoch im Zuge des gesamtwirtschaftlichen Strukturwandels größere Probleme in der Region verursacht.

Setzen wir nun unseren Weg die Salzböde hinab fort.

Keramik aus der Bruchmühle
Zunächst stoßen wir auf **Die Bruchmühle**, an der eine Brücke die Salzböde überspannt und zum Gladenbacher Bahnhof führt.

Die Bruchmühle beherbergt heute die Töpferwerkstatt von Frau Schön. Es werden Geschirr, Vasen und andere Keramikgefäße produziert.

Wir bleiben an der rechten Seite des Baches und folgen einem geschotterten Weg. Erneut stoßen wir auf eine Mühle.

1562/63 wurde hier in der Gemarkung der Gemeinde Mornshausen die **Hüttenmühle** errichtet. Anfangs diente sie der Verarbeitung von Kupfererzen, doch wurde bald auch eine Silberschmelze angefügt. Ab 1587 wurde in dieser Hütte das Silber für die Gladenbacher Taler gewonnen. Als ab 1604 die Münzprägung nach Marburg verlegt und kurze Zeit später auch der regionale Bergbau eingestellt wurde, wurde die Hütte auf den Getreidebetrieb umgestellt, der Mitte der 70er Jahre eingestellt wurde.

Auf dem gegenüberliegenden Hang liegt das Dorf Mornshausen. Seit der Hüttenmühle hat sich das flachsohlige Tal wieder geweitet. Die Sohle ist bedeckt von feuchten Wiesen, durch die sich die Salzböde, ihre zahlreichen, kleineren Zuflüsse sowie die Mühlgräben schlängeln, die in der Aue ein dichtes Netz von Fließgewässern bilden. Wir halten uns jetzt an die grünen Schilder des R1 – eines Rundradweges durch den Kreis Marburg-Biedenkopf – und überqueren schließlich die Salzböde. Unter dem Bahndamm biegen wir rechts ab und fahren an der Mappesmühle vorbei.

Durch die beiden zwischen Lohra und Mornshausen gelegenen **Mappesmühlen** verlief einst die Grenze zwischen dem Hessisch-Darmstädtischen »Hinterland« und dem zu Hessen-Kassel gehörigen »Marburgerland«, später zwischen den Kreisen Biedenkopf und Marburg. Von der ersten Mappesmühle ist nur noch das Wohnhaus erhalten.

Auf dem Radweg fahren wir an der **Götzenmühle** vorbei. Bei der zu Lohra gehörenden Mühle weist nur noch die Lage abseits des Dorfes in der Aue auf ihre einstige Funktion hin. Sie wurde im 14. Jahrhundert erstmals erwähnt. Heute ist lediglich ein aus dem Jahre 1776 stammendes Wohnhaus erhalten.

Nach der Götzenmühle erreichen wir Lohra, das wir, immer der Bahnlinie zur Linken folgend, durchfahren, bis wir die Eselsmühle erreichen.

Die **Eselsmühle**, die ihren Namen von den Transporteseln hat, die die Mühle mit Mahlgut belieferten, gehörte in früheren Zeiten zu den größten Mühlen an der Salzböde. Sie diente sowohl als Öl- als auch als Getreidemühle.

Hinter der Eselsmühle stößt der Radweg auf die L 3048. Hier biegen wir links ein, überqueren die Bahnlinie und biegen gleich darauf wieder rechts ab. Nun fahren wir oberhalb der Bahnlinie nach Damm. Hinter dem Dammer Bahnhof überqueren wir erneut die Bahnlinie und fahren steil abwärts zur Landstraße, überqueren sie und schauen nun nach links auf ein Mühlrad.

Die **Dammer Mühle** wurde schon 1320 erstmals urkundlich erwähnt und bis zu ihrer Stillegung 1987 von ihren Besitzern im Haupterwerb genutzt. Bei ausreichendem Wasserstand wurde die Mühle auch noch in jüngster Zeit allein durch Wasserkraft betrieben. Das Mühlenrad der Dammer Mühle hat einen Durchmesser von 4,80 m.

Wir überqueren jetzt die Salzböde und biegen an einer Feldscheune links ab. Nach kurzer Fahrt parallel zur Salzböde gelangen wir bei den drei Etzelmühlen an.

Die **Etzelmühlen** sind schon seit Ende des Ersten Weltkrieges außer Betrieb. Ihre erste Erwähnung geht bis auf das Jahr 1375 zurück.

Zwischen den Gebäuden stoßen wir auf die L 3061, in die zunächst links einzubiegen ist, um sie gleich darauf wieder rechts abbiegend zu verlassen. Weiter geht es an der Salzböde entlang talabwärts. Wir kommen an einem weiteren Klärwerk vorbei und sehen schließlich auf der gegenüberliegenden Talseite die besonders malerisch gelegenen Steinfurtsmühlen.

Die erste der in der Gemarkung Oberwalgern gelegenen **Steinfurtsmühlen** wurde bereits im Jahre 1492 erbaut. Eine Quelle aus dem Jahre 1745 erwähnt eine obere und eine untere Steinfurtsmühle. Die jetzt noch existierenden Gebäude stammen aus dem 17. Jahrhundert. Wann die obere Mühle stillgelegt wurde ist unbekannt. Die untere Mühle wurde bereits 1913 stillgelegt.

An der Sandsteinbrücke biegen wir rechts ab und folgen dem Verlauf der K 48, bis wir nach etwa 100 m in einer Biegung links in einen in die Aue hinabführenden kleinen Feldweg einbiegen. Der schlechte Feldweg stößt in der Aue auf einen Asphaltweg, in den wir links einbiegen. Wir fahren über den Hof der Rauchmühle und stoßen hinter ihr auf einen Waldweg, der an der nördlichen Talseite durch einen besonders schönen Eichen-Buchenwald beschattet weiterführt.

Auch dort, wo wir heute die Reste der **Rauchmühle** sehen, waren einst zwei Mühlen zu finden. Doch waren die beiden Mühlen im Mündungsbereich des Versbaches schon 1923 stillgelegt. 1935 wurden die Mühlengebäude bis auf die Wohnhäuser abgerissen.

Schließlich stößt unser Waldweg auf einen Asphaltweg. Wir fahren unserer Mittagspause entgegen. Es geht rechts bergab: wir erreichen die beiden Schmelzmühlen. Die untere Mühle beherbergt ein Ausflugslokal, in dem sich vorzüglich rasten und schmausen läßt.

Die **Schmelzmühlen** wurden wahrscheinlich Anfang des 17. Jahrhunderts an der damals wichtigen Straßenfurt »Gronau« errichtet. Sie wurden daher »Gronauer Mühlen« genannt. Da der Landesfürst an dieser Stelle von 1734-40 eine Eisenschmelze betrieb, änderte sich der

Name in Schmelzmühle. Die obere Schmelzmühle wird heute von ihrem Besitzer nur noch neben einer kleinen Landwirtschaft betrieben. Die untere Schmelzmühle wurde 1964 um den Bau eines Ausflugslokals erweitert. Sieht man aus dem Fenster des Ausflugslokals, bietet das sich drehende Mühlrad einen hübschen Blickfang.

Nach der Pause radeln wir den steilen Berghang hinter den Mühlen hinauf. An einer Rechtskehre des Weges verliert sich der Asphaltweg und macht einem groben Schotterweg Platz.

Man vermeint im Schotterkörper noch die Reste des Pflasters der zweitausendjährigen »**Alten Weinstraße**« zu erkennen, einer Handels- und Militärstraße, die im Mittelalter an der Gronau die Salzböde überquerte, um über die Höhen westlich des Lahntales nach Marburg und weiter nach Norden zu führen. Die Weinstraße führte als mittelalterlicher Handelsweg aus der Rhein-Main-Region gen Norden. Dabei leitet sich das Wort »Wein« von der alt-hochdeutschen Form des Wortes Wagen ab.

Auf der Höhe angelangt, stoßen wir auf eine Weggabel, an der wir den linken, asphaltierten Abzweig wählen. Jetzt blicken wir auf den Niederwalgerner Sportplatz auf dem »Kippel«, den wir umrunden, um am Ende des Weges links in Richtung Oberwalgern einzubiegen.

Am Ortseingang von Oberwalgern verlassen wir die »Weinstraße« und biegen links in die »Ringstraße« ein. Zwischen den Häusern des alten Fachwerkdorfes geht es dann rechts in den »Kirchweg«. Am oberen Ende des »Kirchweges« stoßen wir auf ein altes Backhaus. Rechts davon liegt die Oberwalgerner Kirche. Am Ende des »Kirchweges« biegen wir rechts in die »Ringstraße« ein. An ihrem Ende geht es wiederum rechts. Wir sind in der

»Hardtstraße«. Am Ortsausgang biegen wir schließlich links ab und fahren über die nach Gladenbach führende Landstraße auf den Aussiedlerhof zu. Von hier folgen wir der K 48 zügig abwärts bis nach Holzhausen. Vor dem Ortseingang biegen wir links ab und radeln in den Ort hinein.

Holzhausen ist ein kleiner, durch und durch von der Landwirtschaft geprägter Weiler, umgeben von sanftem Hügelland, das eine intensive landwirtschaftliche Nutzung erfährt und damit in deutlichem Gegensatz zu den extensiven Nutzungsverhältnissen des oberen Salzbödetales steht.

Nun biegen wir links ab in die »Alte Lindenstraße« und folgen ihrem gewundenen Lauf zwischen den fränkischen Mehrseithöfen hindurch. Vor einer Feldscheune am Ortsausgang geht es links, dann dem Asphaltweg folgend wieder links. Wir fahren jetzt hinter dem Dorf vorbei und lassen den kleinen Friedhof links liegen. Eine Rechtskehre führt uns nun zwischen Wiesen, Feldern und kleinen, von Eichen dominierten Bauernwaldungen schließlich unter einer Eisenbahnbrücke hindurch auf Stedebach zu. Auch Stedebach ist ein kleiner Bauernweiler von ähnlichem Gepräge wie Holzhausen. An einer Kreuzung vor Stedebach biegen wir rechts ab und lassen die Siedlung links liegen. Wir überqueren die L 3061 und stoßen auf einen asphaltierten Feldweg, dem wir weiter in Richtung Kehna folgen. Der Weg stößt kurz vor Kehna auf die K 56, in die links einzubiegen ist.

Vor 1150 belehnten die Grafen von Gleiberg den Herrn von Eppstein in **Kehna** mit einem größeren Hof, der nach dem Dreißigjährigen Krieg in mehrere Betriebe aufgeteilt wurde. Als im vorigen Jahrhundert die Industriali-

Die Kirche im idyllischen Kehna

sierung einsetzte, ging die Einwohnerzahl des Dorfes deutlich zurück. Die Rationalisierung in der Landwirtschaft sowie der Niedergang des dörflichen Handwerkes forderten ihren Preis. In der Zeit nach dem Zweiten Weltkrieg kam es in Kehna – im Unterschied zu den vorgenannten Weilern – zu Veränderungen, die – obschon gut gemeint – zum Sterben des Bauerndorfes beitrugen. Denkmalschützerische und naturschützerische Maßnahmen blockierten die Entwicklungsmöglichkeiten der örtlichen landwirtschaftlichen Betriebe. Die Bewirtschaftung der Höfe wurde aufgegeben. Das Dorf begann zu überaltern, der Gebäudebestand zu verfallen. In jüngster Zeit allerdings nimmt die Einwohnerschaft wieder zu. Der anthroposophisch orientierte »Verein für heilende Arbeit« kaufte drei der Höfe auf, um ein Projekt einzurichten.

Am Ortsausgang überqueren wir den Walgerbach und biegen kurz nach der Brücke links ein in die K 57. Die Brücke der B 255 unterquerend überschreiten wir nun die Wasserscheide von Salzböde und Allna. Bald erreichen wir den Ort gleichen Namens.

Allna ist eine Gründung aus vorgeschichtlicher Zeit. Im Ort stoßen wir auf die kleine, für die Dörfer im Hinterland typische Fachwerkkirche. Das jüngst restaurierte Kirchlein wurde 1782 erbaut und ist wegen seiner Schnitzereien im Westportal einen genaueren Blick wert.

An der Kirche verlassen wir die Kreisstraße links einbiegend. Der Weg verläßt das Dorf und folgt dem Verlauf der Allna in Richtung Quelle. Bald sehen wir versteckt zwischen Bäumen in der Aue unter uns die Allnaer Mühle. Nach etwa 1,5 km liegt vor Friebertshausen eine weitere Mühle an der Allna.

Wir folgen nun dem Wirtschaftsweg weiter, bis wir am Westende von Friebertshausen auf die aus dem 15. Jahrhundert stammende Wolfskapelle stoßen. Unser Weg führt uns weiter der Allna entlang, das heißt, wir biegen nun links in die Kreisstraße ein. Wir folgen ihr nach Frohnhausen, von wo es im Allnatal verbleibend weiter geht nach Sinkershausen.

Vor Sinkershausen befindet sich die **Walzenmühle Nispel**. Ihr Besitzer, Herr Nispel, ist der einzige Müller im Salzböde- und im Allnatal, der seine Mühle noch im Haupterwerb betreibt.

Am Ortsrand von Sinkershausen stößt die K 66 auf die K 113. In diese wird rechts eingebogen, um dann die Allna zu überqueren. Hinter der Brücke geht es links ab in Richtung Bellnhausen. Etwa 200 m hinter dem Ortsausgang von Sinkershausen verlassen wir das Allnatal, links in einen Wirtschaftsweg einbiegend. Gleich verzweigt sich der Weg. Wir wählen die linke Abzweigung, hinter der der Weg gleich eine scharfe Kehre macht, um zur Rechten eines Baches am bewaldeten Hang bergan zu führen. Im Inneren des Mischwaldes stoßen wir auf eine Gabelung, an der wir uns links halten. Auf der Höhe angelangt, verlassen wir den Wald. Hier bietet sich ein schöner Blick auf den »Daubhaus« und den »Hünstein«. Der Weg geht nun in einen Asphaltweg über, dem wir in Richtung Süden folgen. Wir tauchen in einen Kiefernwald ein, in dem sich zur Linken Reste von Schieferschutt und Abraumhalden finden.

Hier befanden sich die **Gladenbacher Schieferkauten**. Ab 1360 ließen hier der hessische Landgraf und die Deutschordensritter Dachschiefer abbauen. Der Gladenbacher Schieferabbau ist der älteste belegte Bergbau im Hinterland.

Der Weg stößt schließlich auf die B 453, die wir vorsichtig überqueren. Dann lenken wir unser Stahlroß links in den die Bundesstraße begleitenden Radweg. Bei nächster Gelegenheit in einen rechts abzweigenden Asphaltweg einbiegend, verlassen wir ihn wieder. Der Weg führt uns zwischen dem oberen Ortsrand von Gladenbach mit seinen Park-, Sportanlagen und Kurhäusern links und dem Waldrand rechts hindurch. Am Ende des asphaltierten Radweges geht es rechts in den Wald hinein. Auf einem unbefestigten Waldweg rollen wir bergab. Es gilt, sich nun auf unbefestigtem Weg rechts, aber auch beständig bergab zu halten. Wir folgen nun einem Trimmpfad. An der Trimmstation 9 biegen wir links ab und folgen, schon fast am Grunde des Kehlnbachtales, dem Bach in Fließrichtung. Endlich gelangen wir an den oberen Ortsrand von Kehlnbach.

Hier sehen wir zu unserer Linken die Klippen der »**Hinterländer Schweiz**«. Besonders harte, teilweise kieselige Tonschiefer bilden hier die eindrucksvollen Klippen.

Wir folgen dem Verlauf der »Zillertalstraße«, bis sie am Ortsausgang in die K 117 übergeht. Dort, wo die Kreisstraße eine Biegung in Richtung Osten macht, stoßen wir auf einen Straßenknotenpunkt. Hier wählen wir den Weg, der ganz nach rechts abzweigt. Ihm folgen wir über einen gemächlich ansteigenden Rücken nach Römershausen. Dort wird links in die K 111 eingebogen. Wir folgen der Straße bis zu einer Linksbiegung. Einem Asphaltweg, der die Straße verläßt, ist nun weiter geradeaus zu folgen. Über die offene Flur geht es am Modellflugplatz von Bad Endbach zu unserer Linken vorbei bis zu einem weiteren Wegeknoten auf der Höhe zwischen Römershausen und Hütte. Wir fahren weiter geradeaus und rollen den Berg hinab. Eine Brücke über den Dernbach überquerend biegen wir gleich links ein in die »Brühlstraße«. Auf ihr fahren wir weiter abwärts, bis sie in die »Uferstraße« mündet. Hier wird links eingebogen. Zu unserer Rechten liegt nun die letzte Mühle unserer Route.

Die **Hüttner Mühle** war Namensstifterin der zu Wommelshausen gehörenden Siedlung Hütte. Schon in der frühen Neuzeit muß an dem Platz der heutigen Getreidemühle ein Hüttenwerk oder eine Waldschmiede gestanden haben. Im Jahre 1548 wurde an gleicher Stelle eine Getreidemühle gebaut. Die wechselnden Besitzer bemühten sich, durch ständige Modernisierung den Mühlenbetrieb aufrechtzuerhalten. Noch 1951/52 – viele Mühlen an der Salzböde hatten schon längst ihren Betrieb eingestellt – ließ man die alte Mühle abreißen, um sie durch einen neuen Mühlenbau zu ersetzen. 1991 mußte auch in der im Haupterwerb betriebenen Hüttner Mühle die Produktion eingestellt werden.

Am Ende der »Uferstraße« überqueren wir die »Landstraße« und stoßen »an der Steinhecke« wieder auf den Radweg, der uns zurück zum Kur- und Bürgerhaus führt.

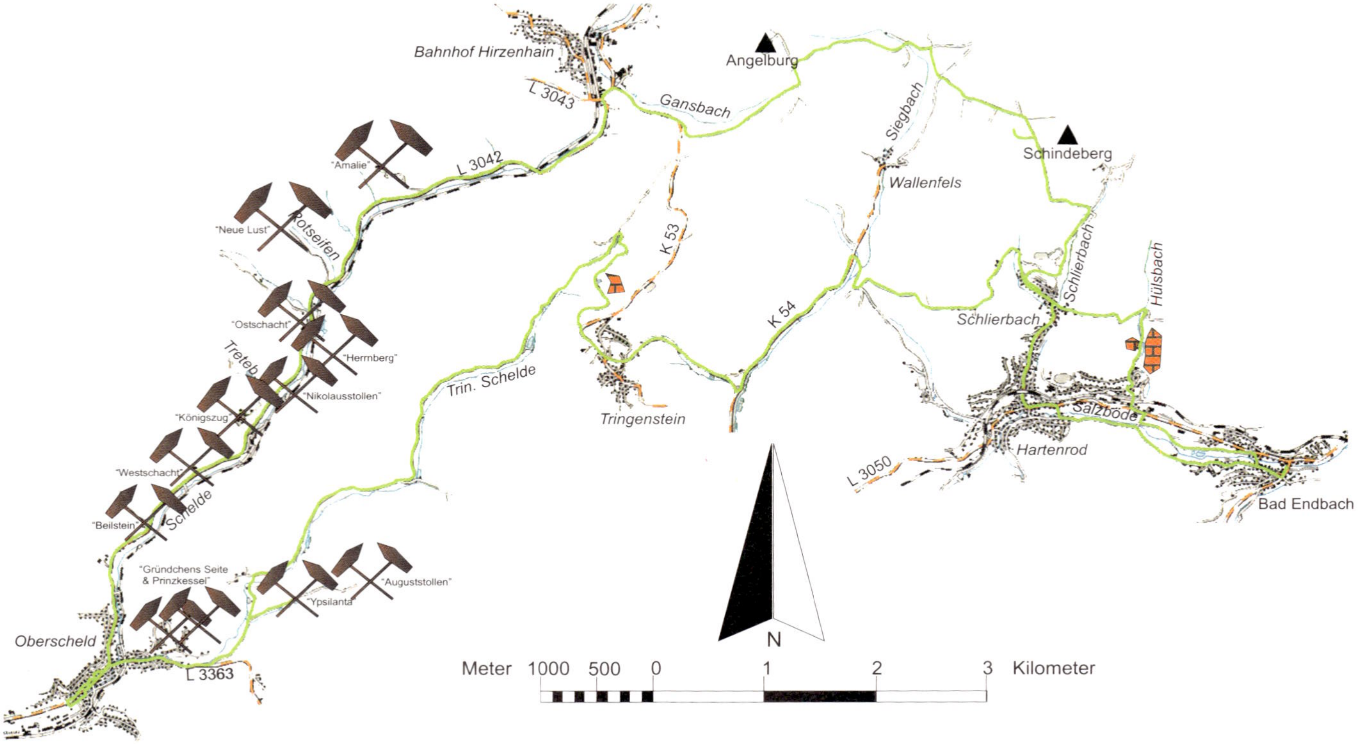

Bahnhof Hirzenhain
L 3043
Angelburg
Gansbach
Siegbach
Schindeberg
Wallenfels
L 3042
"Amalie"
"Neue Lust"
Rotseifen
K 53
K 54
Schlierbach
Hülsbach
Schlierbach
"Ostschacht"
"Hermberg"
Treteb
"Nikolausstollen"
"Königszug"
Trin. Schelde
Tringenstein
Salzböde
Hartenrod
L 3050
"Westschacht"
"Beilstein"
Schelde
Bad Endbach
"Gründchens Seite & Prinzkessel"
"Ypsilanta"
"Auguststollen"
Oberscheld
L 3363
N
Meter 1000 500 0 1 2 3 Kilometer

6. Der »Grubenweg« – Die Bergwerke im Schelderwald

Bad Endbach – Hartenrod – Schlierbach – Bahnhof Hirzenhain – Oberscheld – Tringenstein – Hartenrod – Bad Endbach

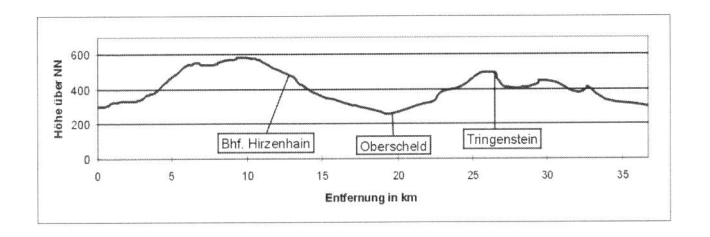

Ausgangspunkt: Kur- und Bürgerhaus Bad Endbach
Endpunkt: Kur- und Bürgerhaus Bad Endbach
Distanz: ca. 37 km
Bewertung: mittel

Hinweise: Der Rundkurs beinhaltet zwei Steigungsstrecken über jeweils etwa 300 m. Von denen aber nur der erste Anstieg auf die Koppe konditionell anspruchsvoll ist. Neben zahlreichen industriegeschichtlich interessanten Hinterlassenschaften des Schelderwaldes macht das weitgehend unter Naturschutz gestellte Tal der Tringensteiner Schelde den besonderen Reiz der Route aus.

Das Gebiet an der Dill bildete schon kurz nach der Zeitenwende einen relativ geschlossenen Siedlungs- und Wirtschaftsraum. Ausgrabungen auf der Eschenburg und der Angelburg belegen be-

reits für diese Zeit die Verwendung des Eisens durch den germanischen Stamm der Chatten. Wahre Meisterschaft in der Gewinnung und Verarbeitung von Eisenerz hatten aber die vorher hier siedelnden Kelten entwickelt. Sie bauten das Erz auf den Höhenzügen des Schelderwaldes im Tagebau ab und sicherten die Vorkommen durch die Anlage zahlreicher Höhenburgen. Der Erztiefbau hielt im Dillgebiet gegen Ende des Hochmittelalters Einzug. Zu dieser Zeit waren die oberflächennahen Lagerstätten bereits erschöpft, andererseits begann die Nachfrage nach Eisenprodukten stark anzusteigen.

Die überragende Bedeutung des Lahn-Dill-Reviers für das 1871 gegründete Kaiserreich, läßt sich daran ermessen, daß hier bereits 1870 ein Viertel der Erzproduktion im deutschen Zollgebiet gefördert wurde. Die Erzförderung erreichte in jenem Jahr erstmals eine Millionen Tonnen. So nahm nach der Entstehung des Deutschen Reiches und mit Hilfe der Reparationszahlungen, die Frankreich als Verlierer des Deutsch-Französischen Krieges zu zahlen hatte, die Wirtschaft gerade im westlichen Lahn-Dill-Bergland einen unerhörten Aufschwung. Neben dem Bergbau entstanden neue Hüttenwerke. Bis zur Jahrhundertwende wurden die alten Holzkohlehochöfen endgültig verdrängt. Die Erschließung der Region durch den Eisenbahnbau wurde massiv vorangetrieben. Gleichzeitig bewirkte der erstmalige Einsatz von Bohrmaschinen »unter Tage« die revolutionären Veränderungen der Arbeits- und Förderbedingungen im Bergbau selbst. »Über Tage« wurde die Erzverarbeitung durch die Inbetriebnahme maschinell betriebener Eisenerzaufbereitungsanlagen rationalisiert. In Dillenburg und Wetzlar entstanden Schulen, die junge, hochqualifizierte Bergleute ausbildeten.

Mit dem Aufstieg des Bergbaus, der Steigerung der Betriebskosten, der zunehmenden Mechanisierung und dem Ausbau des Untertageabbaus verstärkte sich die Besitzkonzentration der Gruben. Von einer Vielzahl kleiner Grubenbesitzer im 19. Jahrhundert waren die Gruben des Lahn-Dill-Berglandes in die Hand der Firma Buderus übergegangen.

Nach dem Zweiten Weltkrieg setzte ein letzter massiver Rationalisierungs- und Mechanisierungsschub ein. Trotzdem konnte der Erzbergbau der Konkurrenz ausländischer Erze bald nicht mehr widerstehen. So mußte die Erzproduktion im Schelderwald, wie im ganzen Lahn-Dill-Revier, in den 70er Jahren endgültig eingestellt werden. Eine jahrtausendealte wirtschaftliche Tradition war zum Erliegen gekommen.

Am Kur- und Bürgerhaus startend, biegen wir links in die »Herborner Straße«. Schon nach wenigen Metern zweigt rechts der »Kirchweg« ab. Der Weg führt an der Kirche und dem Gebäude der alten Schule vorbei. Wir folgen nun der Straße »Am Kurpark«, die in die »Sebastian Kneipp Straße« übergeht. Von dieser zweigt schließlich die »Teichstraße« rechts ab. Beim Kurheim »Heckenmühle« endet der asphaltierte Fahrweg. Über etwa 300 m führt uns der Weg nun auf wassergebundener Unterlage am schattigen Waldrand dem Verlauf der Salböde entlang. Bei einem Linksabzweig geht es auf asphaltiertem Wege weiter. Parallel zum Bach überwindet der Weg eine kurze Steigung und erreicht alsbald Hartenrod. Von der »Poststraße« wird bei nächster Gelegenheit rechts in die »Salzbödestraße« eingebogen. Wir überqueren die junge Salzböde und schwenken gleich darauf links in die »Hauptstraße« ein. Nach ca. 150 m ist nun der rechts abzweigenden »Schlierbacher Straße« zu folgen. In niedrigem Gang radeln wir bergauf. Unter dem Eisenbahnviadukt hindurch gelangen wir nach Schlierbach. Die beiden Ortsteile gehen unmerklich ineinander über. Zwischen den kleinen bäuerlichen Fachwerkhäusern des alten Ortskerns knickt die »Schlierbacher Straße« links ab. Bald darauf ist rechts abzubiegen. Wir folgen dem Hinweisschild »Schützenhaus/Bottenhorn«. Die asphaltierte Gemeindestraße umrundet eine felsige Kuppe, und wir gelangen auf eine Verebnungsfläche oberhalb des Dörfchens. Erneut ändert das Sträßchen seine Richtung. Nach links schwenkend wendet es sich nun scharf am Rand des tiefeingeschnittenen, schluchtartigen Grabens des Schlierbaches steil aufwärts. Weiter oben erweitert sich der enge Talgrund zu einer von feuchten Weiden eingenommenen Mulde. Hier überspringt die Straße bereits zum zweiten Mal den Bach. In Sichtweite eines Aussiedlerhofes zweigt an dieser Stelle ein Asphaltweg links ab und zieht sich steil den Hang hinauf. Bald führt uns der Weg am Waldrand zur Linken hinan, um endlich ein wenig an Steigung zu verlieren und rechts abzubiegen. Nun tauchen wir in den Wald ein. Zur Linken fällt der Hang steil in eine Waldschlucht ab, während sich zur Rechten die flache Kuppe des »Schindeberges« im Wald verliert. Nach dem Anstieg, schwitzend und nach Atem ringend, bekommt der Name, der sich auf 553 m über NN erhebenden Höhe, für uns Radler seinen ganz eigenen Sinn. Der Asphalt geht nun in einen Weg mit guter wassergebundener Decke über. Endlich haben wir das Plateau der Bottenhorner Hochfläche erreicht und stoßen auf eine Kreuzung. In ihrer Mitte wurde eine junge Buche gepflanzt. Hier ist links einzubiegen. Durch dichte Waldungen führt uns der Weg nun an die Grenze zwischen den Kreisen Marburg-Biedenkopf und dem Lahn-Dill-Kreis. Dann radeln wir hinaus auf die kargen Äcker des kleinen, links unter uns verborgenen Weilers Wallenfels. Im Hintergrund eröffnet sich ein großartiges Panorama über das gesamte, von bewaldeten Bergen eingefaßte Siegbachtal.

Vor uns, scheinbar in unmittelbarer Nähe aufragend, bildet der Sendeturm auf der Angelburg den alles beherrschenden Blickpunkt. Auf dem Asphaltweg in die Mulde hinabrollend fahren wir auf den Turm zu. Im Folgenden bietet die Markierung des Wanderweges E 14 eine zuverlässige Orientierungshilfe. Im Waldwinkel angelangt, verlassen wir den Asphaltweg geradeaus radelnd. Auf dem groben Schotterweg fahren wir in den Wald hinein und gelangen alsbald an eine Wegekreuzung. Hier ist links einzuschwenken. An der nächsten Gabelung biegen wir erneut links ein. Dabei überqueren wir den Quellgrund des Siegbaches. Jetzt wird – die nassen Quellwiesen des Siegbaches befinden sich zur Rechten – bis auf den Kamm des Schelderwaldes geradelt. Auf einer Höhe von über 600 m über NN stoßen wir inmitten des dichten Waldes auf eine Asphaltstraße. Es handelt sich um die »Hohe Straße«, in die links einzubiegen ist. Wir lassen nun den höchsten Punkt unserer Tour hinter uns und folgen dem Asphaltweg, der bald eine Rechtsbiegung beschreibt. Hier verlassen wir den Verlauf des Wanderweges E 14. Am Rande des Quellgrundes der Gansbach zu unserer Rechten rollen wir beständig abwärts.

Während wir – die größten Anstrengungen liegen bereits hinter uns – bergab rollen, bietet sich Gelegenheit, sich des Bergebersbacher Pfarrers **Karl Nebe** zu erinnern. Nebe bemühte sich schon zu Anfang des 20. Jahrhunderts um die Förderung des regionalen Tourismus. Zu diesem Zweck veröffentlichte er 1914 ein Buch mit dem Titel »Burgfahrten«. Ganz im blumigen Stil seiner Zeit portraitierte er die Sehenswürdigkeiten des Lahn-Dill-Berglandes. Dabei beschreibt ein Kapitel des Buches den Versuch der Überquerung des Schelderwaldes von Hartenrod nach Eiershausen mit dem Fahrrad. Lassen wir nun den Autor zu Wort kommen: »Schelderwald – ich kannte dich noch nicht, als ich dich zum ersten Mal von Hartenrod nach Eiershausen durchquerte. Hätte ich dich gekannt, dann hätte ich gewußt, das dies ein Wagnis war, das einer Durchquerung des finstersten Afrikas nicht viel nachsteht. Schelderwald, ich kannte auch deine Wege nicht, sonst hätte ich mein treues Stahlroß daheim an der Krippe gelassen und hätte es nicht auf deine steinigen Wege hinausgeführt.«

Sicher, die von Nebe gewählten Vergleiche und Metaphern muten aus heutiger Sicht kurrios an. Doch in Anbetracht des Entwicklungsstandes der »Biketechnik« vor nun mehr als 80 Jahren wissen wir seinem Unternehmungsgeist unseren Respekt zu zollen.

Der asphaltierte Waldweg mündet schließlich in die K 53 ein. Am südlichen Ende der Siedlung Bahnhof Hirzenhain stößt die K 53 auf die L 3042.
Wir folgen nun dem Verlauf der L 3042, die auch als Schelde-Lahn-Straße bekannt ist, durch das Scheldetal bis nach Oberscheld. Nach einer rasanten Abfahrt von ungefähr 1,5 km weist ein Schild zu unserer Rechten auf das »Fritz Stirner Haus« hin. Ein Fahrweg führt hier ca. 500 m durch den Wald aufwärts zu einem Gebäudekomplex mit bewegter Geschichte.

Die Gebäude, die heute einer EDV-Firma Unterkunft bieten, waren vorher im Besitz des Deutschen Aeroclubs. Der Club unterhält bei Hirzenhain einen Segelflugplatz und nutzte das alte Anwesen als Erholungsheim der Luftsportjugend. Ursprünglich aber handelte es sich um die Übertageanlagen der »**Grube Amalie**«. Der Förderbetrieb in dieser ersten Erzgrube an unserem Weg wurde 1951 eingestellt, nachdem die Bergleute hier insgesamt 150 Jahre ihrer harten Arbeit nachgingen.

Wieder auf der Schelde-Lahn-Straße rollen wir weiter bergab. Auf der gegenüberliegenden Talseite sehen wir den Damm der inzwischen demontierten Schelde-Lahn-Bahn, die eigens für den Erztransport errichtet wurde. Das Wasserwerk Scheldetal lassen wir links in der Talaue liegen. Bald darauf öffnet sich zur Rechten der Ausgang eines geräumigen Seitentals. Es ist das Rotseifental. Auch hier windet sich am linken Hang ein Weg hinauf.

An dessen Ende am Talschluß des Rotseifentals befand sich einst die »**Grube neue Lust**«, von der heute allerdings nur noch sehr geringe Reste erhalten sind.

300 m unterhalb des Rotseifentals stoßen wir auf das Zechenhaus des Ostschachtes. Der **Ostschacht** ist der jüngste der drei Schächte des Bergwerks »Grube Königszug«. In nur drei Jahren wurde der Schacht zwischen 1954 und 1957 auf eine Tiefe von 548 m vorangetrieben. Über den Schacht sollten die östlichen Erzfelder besser erreichbar sein und die Bewetterung – das heißt, die Klimatisierung – im östlichen Bereich des Bergwerks verbessert werden. Die heute noch sichtbaren Gebäude beherbergten einst das Zechenhaus. Von hier fuhren die Bergleute in die Grube ein.

Unterhalb des Ostschachtes schließen die Reste der **Zentralaufbereitung Herrenberg** an. 1920 begann man, hier die Aufbereitung der Grubenerze aus dem Scheldetal zentral vorzunehmen. Der Übergang zur mechanisierten Scheidung des tauben vom erzhaltigen Gestein führte zu einer größeren Verwertbarkeit des Materials. Auf dem Gelände der Zentralaufbereitungsanlage befanden sich auch die Lehrwerkstätten. Hier wurden die Jungbergleute in den wichtigen Techniken des Schlosserei- und des Zimmereiwesens unterrichtet.

Der Zentralaufbereitung gegenüber am alten Bahndamm befindet sich das alte Bahnhofsgebäude des Bahnhofs Herrenberg. Nach gut einem Kilometer stoßen wir am Eingang zum Tretebachtal auf den Nikolausstollen.

Das leider geschlossene **Gasthaus Nikolausstollen** war zu Zeiten des Erzbergbaus eine wichtige Station für die Fuhrleute, die vor der Fertigstellung der Schelde-Lahn-Straße die Erze mit dem Ochsenkarren nach Oberscheld transportierten. Im Tretebachtal befanden sich einst zwei weitere Gruben, die ebenfalls an die Verbundgrube Königszug angegliedert waren.

Schon gelangen wir an die Übertagebauten der eigentlichen »**Grube Königszug**«. Sie war nicht nur die größte Grube im Scheldetal, sondern entwickelte sich im Verlaufe unseres Jahrhunderts zur größten Eisenerzgrube Hessens. Ihre Geburtsstunde fällt in das Jahr 1819. Links der Straße finden sich die ehemaligen Verwaltungsgbäude der Grube, darüber hinaus befanden sich hier neben dem Zechenhaus auch Werkstätten, Lagerschuppen, ein Sägewerk und eine Holzimprägnieranlage.

Unterhalb der Straße findet sich der Stollenmund des Nikolausstollens, der noch lange als Förderstollen diente, und der jüngere Stollenmund des großen Verladestollens. Diesen Stollen nutzt heute die Firma Dynamit-Nobel als Sprengtunnel. Oberhalb der Straße lag die Aufbereitungsanlage mit den Erzbunkern. Weiter darüber, im Wald versteckt, war in den 50er Jahren ein Schrägschacht ins Gebirge getrieben worden, der eine technische Meisterleistung darstellte, die im Erzbergbau damals noch einmalig war. Der Schacht paßte sich mit einer Neigung von 67° dem Einfallen und Einschieben der Erzlagerstätte an. Die Anlage dieses Schachtes, die insgesamt vier Arbeiter das Leben kostete, sollte den Betrieb des Bergwerkes für Jahrzehnte sichern helfen. Zusammen mit dem West- und dem Ostschacht und dem zentralen Förderstollen bildete die Grube Königszug eine Verbundgrube. Wurden die Erze am Nikolausstollen zutage gefördert, so dienten die anderen Schächte dem Transport von Material und

Menschen sowie der Bewetterung. Am 30. März 1968 erfolgte die endgültige Stillegung der Grube Königszug. Zum Schluß zählte die Belegschaft noch 120 Beschäftigte. Die Schließung dieses Bergwerks besiegelte das Ende des Eisenerzbergbaus in Hessen. Nur in wenigen Gruben arbeiteten noch Bergleute.

Nach einem weiteren Kilometer Abfahrt erreichen wir den Westschacht.

Der **Westschacht** war ein Material- und Förderschacht der Grube Königszug. Der noch sichtbare gemauerte Förderturm des Westschachtes stellte eine Besonderheit im Lahn-Dill-Gebiet dar. Neben dem Förderturm, in dem die Bergleute in den Schacht einfuhren, existiert noch das Zechenhaus. Hier waren die Waschkauen untergebracht, in denen sich der Bergmann bei Schichtwechsel reinigte und umkleidete.

Kurz vor Oberscheld rechts der Straße finden sich schließlich unterhalb der Bushaltestelle Ölsberg die Reste der »**Grube Beilstein**«. Als Anfang der 40er Jahre der Bergbauberuf durch die Schaffung einer Facharbeiterausbildung aufgewertet wurde, diente die Grube Beilstein den angehenden jungen Bergleuten als Lehrbergwerk.

Nun fahren wir nach Oberscheld hinein. Am Ortsausgang erkennen wir rechts im Berghang weitere Relikte aus alter Zeit. Die im Stollenbau geübten Bergmänner trieben hier Vorratsstollen in den Fels.

Auf der Schelde-Lahn-Straße rollen wir weiter Richtung Dillenburg. Die kleinen verwinkelten Bergarbeiterhäuschen im »Kirchweg« vermögen noch einen Eindruck von dem Alltag der Bergmannsfamilien im Scheldetal zu vermitteln.

Kurz vor dem Ortsausgang von Oberscheld, zur Rechten, finden sich erneut die Münder von Vorratsstollen im Berghang. Nun biegen wir links in die Straße am »Bienengarten«. Das Schild mit der Aufschrift »Friedhof« dient der leichteren Orientierung. Die Gaststätte mit dem Namen »Hüttenschänke« verrät bereits, wohin uns nun der Weg führt. Nach wenigen Metern schon stoßen wir auf die Schelde. Jenseits des Baches befindet sich ein großes Industriegelände. In weiterer Entfernung sind noch Schornsteine und Hallen zu sehen.

Nachdem Ende des letzten Jahrhunderts auch die Feuer des letzten Holzkohle-Hochofen erloschen, gründete der hessisch-nassauische Hüttenverein – Vorläufer der Buderuswerke – das auf Koksbasis betriebene **Hochofenwerk Oberscheld**. Als die beiden Hochöfen des Werkes in Oberscheld ihrer geringen Größe wegen eigentlich nicht mehr rentabel waren, begann man, sich von der Massenstahl- auf eine auch in kleinen Mengen nachgefragte Spezialstahlerzeugung umzustellen. Auf diese Weise konnten zudem die günstigen Frachtkosten für die Bergwerke des Schelderwaldes genutzt werden.

Als Ende der 60er Jahre die Konkurrenz ausländischer Erze die Scheldeerze unrentabel machten, mußte die Oberschelder Hütte zum 30. April 1968 schließen. Zuletzt beschäftigte das Werk einschließlich seiner Zweigbetriebe ca. 220 Menschen.

Wir fahren nun durch den »Bienengarten«. Jenseits der Schelde geht die Straße in die »Brunnenstraße« über. Diese hält sich parallel zur Schelde. Nach 50 m ist links in einen kleinen Rad- und Fußweg einzubiegen. Hier wechseln wir erneut das Scheldeufer. Alsbald stoßen wir wieder auf die »Schelde-Lahn-Straße«. Wir biegen hier rechts ein und fahren nun bis zum Rechtsabzweig der

Landstraße in Richtung Eisemroth. Dieser Straße ist bergauf radelnd aus Oberscheld hinaus zu folgen.

Im vergangenen Jahrhundert fanden sich hier am östlichen Ortsrand von Oberscheld am Hang jenseits des Sportplatzes die »**Grube Gründchensseite** und die **Grube Prinzkessel**«. Einige der Häuser, die sich hier über die Aue der leider verrohrten Tringensteiner Schelde erheben, wurden deutlich erkennbar auf den Abraumhalden der alten Gruben errichtet.

Oberhalb des Reitplatzes überqueren wir die Straße und folgen den Schildern »Schwimmbad«/»Besucher-Bergwerk Grube Ypsilanta«. Nach etwa 250 m zweigt ein mit auffälligem roten Schotter befestigter Weg rechts ab und erschließt ein Seitental. Wir passieren einige Teiche zu unserer Rechten.

Bei diesen Teichen handelt es sich um ehemalige **Setzteiche** der »**Grube Auguststollen**«. Diese war eigentlich ein Konglomerat aus mindestens 32 Grubenfeldern, die sowohl im Tage- als auch im Tiefbau betrieben wurden. Oberhalb der Teiche befand sich die Aufbereitungsanlage der Grube. Das zur Gesteinstrennung verwendete Wasser wurde in den Teichen gesammelt, damit sich der rote Schlamm des Roteisensteins zunächst einmal absetzen konnte.

400 m nachdem wir den Asphaltweg verließen, stoßen wir bergauf radelnd auf den schmuckreich ummauerten Stollenmund der »Grube Ypsilanta«.

Die »**Schaugrube Ypsilanta**«
Die Grube Ypsilanta« wurde vom Oberschelder Bergbauverein zum Schaustollen ausgebaut. Unter engagierter

und fachkundiger Leitung wird man hier durch den Stollen geführt. Man kann einen lebhaften Eindruck von bergbaulichen Fördertechniken, Alltag und Leben der Bergleute sowie dem faszinierenden geologischen Aufbau des Schelderwaldes gewinnen.
Öffnungszeiten: Nach Vereinbarung
Kontakt: Joachim Hartmann, Ludwigstraße 14 a, 35688 Dillenburg, Tel.: 02771/ 21193

Nach dem Besuch der Grube rollen wir abwärts, zurück in die Aue der Tringensteiner Schelde. Dort schwenken wir rechts in den Asphaltweg ein. Der Weg führt uns am Tennisplatz vorbei und kreuzt dann den Bach. Jenseits des Baches verlassen wir den Asphaltweg zum Schwimmbad. Hier ist rechts in einen unbefestigten Weg einzubiegen. Durch das Naturschutzgebiet Tringensteiner Schelde ist dem Waldweg durch das gesamte Tal stets längs des Baches bergauf zu folgen.

Das **Tal der Tringensteiner Schelde** wurde bereits in den sechziger Jahren vom Forstamt Dillenburg aufgeforstet. Die Aufforstung ist im Zusammenhang mit dem Verfall der Landwirtschaft zu sehen. Denn bis in die 50er Jahre hinein nutzten die Bergleute die Hänge des Tals für ihre kleinen Nebenerwerbslandwirtschaften. Heute sind selbst die Streuobstwiesen und das Grünland an den Hängen unmittelbar über Oberscheld weitgehend sich selbst überlassen. Um die alte Kulturlandschaft nicht vollends der Verbuschung preiszugeben, ist man zwischenzeitlich dazu übergegangen, die Wiesen zwar zu mähen, doch muß man das nicht mehr benötigte Heu anschließend verbrennen. Im abseits gelegenen Tal der Tringensteiner Schelde schien eine Aufforstung der Brachflächen sinnvoller.

Stollenmund der Grube Ypsilanta

Wir radeln nun gut fünf Kilometer auf dem großenteils asphaltierten Weg der Quelle des Baches entgegen. Mehrere Fischteiche werden rechts in der Aue liegengelassen. Schließlich stoßen wir auf einen Hang zu unserer Linken, an dem sich eine Heidefläche unübersehbar weit bis hinauf auf die Kammhöhe erstreckt. An dieser Stelle endet das Asphaltband. Auf geschottertem Waldweg radeln wir weiter bergan. Das nun auch auf seiner Sohle bewaldete Tal wird immer schmaler und dunkler. Der Weg überspringt den Bach einige Male und wird zunehmend steiler. Endlich gelangen wir an eine Waldkreuzung. Hier überspringt der gutbefestigte Weg in einer weiträumigen Rechtskehre erneut den Bach und wendet sich dann gemächlich den gegenüberliegenden Hang hinauf. Wir folgen dem Weg und passieren nach ca. 300 m einen in einen Steinbruch eingebetteten Tümpel hoch über dem Talgrund. Nach zwei weiteren Wegkehren gelangen wir an die K 53. Direkt vor uns blicken wir auf den Bergkegel der Ruine Tringenstein. Rechts in die Kreisstraße einbiegend halten wir nun zunächst auf die markante Erhebung zu. Zwischen dem Neubaugebiet am sonnigen Hang zur Linken und dem alten Dorf am steilen Burgberg über uns radeln wir nun auf der Straße zügig ins Siegbachtal hinab. Bald gelangen wir in einen Talkessel, dessen Sohle von mehreren Teichen eingenommen wird. Hier zweigt die Kreisstraße nach Wallenfels links ab. Dieser ist zu folgen. Zu unserer Linken befindet sich ein einsames Forsthaus. Noch einmal geht es links des Siegbaches einen knappen Kilometer weit bergauf. Endlich wendet sich ein asphaltierter Weg rechts hinab in die Bachaue. Wir schwenken ein, überqueren den Bach und radeln am jenseitigen Ufer ein kurzes, jäh ansteigendes Stück auf den niedrigen Kamm zwischen Siegbach und Salzböde hinauf. Auf der Kammhöhe angelangt wenden wir uns nach links.

Der annähernd ebene Weg taucht auf kurzer Strecke in ein Waldstück ein und gelangt dann in offenes Feld. Zur Linken zeigt sich ein hübscher Flecken Wacholderheide. Über einen Sattel hinweg rollen wir abwärts, an einem Aussiedlerhof vorbei. Wir setzen über einen Nebenbach des Schlierbaches und rollen schließlich auf der »Schlierbacher Straße« in den Ort. Geradeaus radelnd verlassen wir bald darauf die »Schlierbacher Straße« und kämpfen uns auf der »Brunnenstraße« steil den Hang hinauf. Sogleich geht es nun aber wieder in mehreren Kehren hinab ins Hülsbachtal. Vor uns liegt der sich immer tiefer in die Westflanke des »Wollscheidt« nagende Diabassteinbruch des »Diabaswerks Hartenrod«. Am Grunde des Hülsbaches angelangt biegen wir rechts ein auf einen grobgeschotterten Weg. Unter der Woche ist hier auf den LKW-Verkehr des Steinbruchs zu achten. Unterhalb des Steinbruchs erreichen wir schließlich die ersten Häuser Hartenrods. Ständig steil bergab rollend führt uns die »Hahnkopfstraße« in die »Wannenstraße«. An ihrem Ende treffen wir auf die »Ebeltstraße«. In diese wird rechts eingebogen. An einem Fußgängerübergang schieben wir das Rad über den Damm der stillgelegten Bahn. Nun wendet sich ein Weg mit extremem Gefälle hinab zur »Hauptstraße«. Hier wird links eingeschwenkt. Bei nächster Gelegenheit rollen wir einen Asphaltweg in die Salzbödeaue hinab. Vor der Salzböde biegen wir dann links in einen kombinierten Rad- und Fußweg ein. Wir folgen dem Weg bis nach Bad Endbach. Am Dorfrand angelangt durchradeln wir den »Grundweg«, schwenken an der »Landstraße« rechts und dann jenseits der Salzböde gleich links in die Straße »Am Kurpark« ein. Jetzt ist dem Verlauf der verkehrsberuhigten Straße »Am Kurpark« zu folgen. Bald erreichen wir die »Herborner Straße«. In diese wird links eingebogen. Nach wenigen Metern stehen wir vor dem Kur- und Bürgerhaus.

7. Die »Natur-Tour« – Geobotanische Exkursion zum Rimberg

Bad Endbach – Hütte – Römershausen – Runzhausen – Bellnhausen – Damshausen – Herzhausen – Holzhausen – Dernbach – Bad Endbach

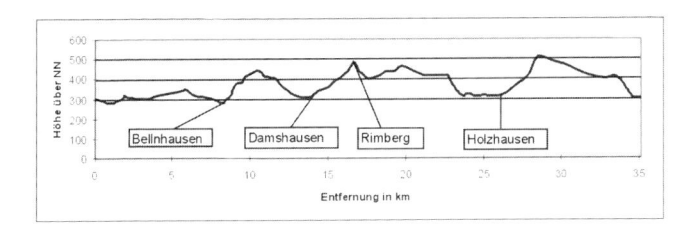

Ausgangspunkt: Kur- und Bürgerhaus Bad Endbach
Endpunkt: Kur und Bürgerhaus Bad Endbach
Distanz: ca. 35 km
Bewertung: schwer

Hinweise: Die Route verläuft über weite Strecken auf geschotterten, aber gut befestigten Waldwegen. Kurze Abschnitte führen über Land- und Kreisstraßen, diese weisen ein lediglich sehr geringes Verkehrsaufkommen auf. Es sind zwei konditionsfordernde Steigungsstrecken zu bewältigen, die teilweise schiebend zurückgelegt werden sollten. Grundkondition ist erforderlich.

Bis in die Gegenwart zeichnet sich das Lahn-Dill Bergland – eine Mittelgebirgslandschaft am Ostrand des rheinischen Schiefergebirges – durch seinen weitgehend intakten Naturhaushalt aus. Zu einem wesentlichen Teil ist dies der extensiven Landbe-

wirtschaftung durch die Vielzahl kleinbäuerlicher Betriebe zu danken. Das Landschaftsbild der Region ist Produkt jahrtausendealter menschlicher Nutzung. Als Ergebnis des menschlichen Gestaltungsbedürfnisses lassen sich zahlreiche Pflanzen und Tiere entdecken, die ohne Zutun des Menschen keine Entfaltungsmöglichkeiten gefunden hätten. Es sollte uns deshalb bewußt sein, daß wir uns nicht in einer Naturlandschaft, sondern in einer Kulturlandschaft bewegen.

Sie werden Verständnis haben, daß es im Rahmen dieser Route nicht darum gehen kann, eine »Safari« auf seltene oder gar bedrohte Pflanzen und Tiere zu veranstalten. Dagegen soll sich der Blick auf das für das Lahn-Dill-Bergland Typische richten. So werden ökologische Zusammenhänge erkennbar und der Wert einer Landschaft als »Gesamtensemble« faßbarer.

Wir machen uns vom Kur- und Bürgerhaus auf den Weg und überqueren die »Herborner Straße«. Auf dem »Bornweg« fahren wir bachabwärts. Bald endet die asphaltierte Straße und geht in einen guten Weg mit wassergebundener Decke über. Dann führt der Weg unter dem Eisenbahnviadukt hindurch. Ein weiterer kleinerer Natursteinviadukt befindet sich an der Einmündung des Wildbachtals in das Salzbödetal. Hier hält man sich links und überquert zunächst die Salzböde und dann die L 3050, um in die »Uferstraße« in der Siedlung Hütte zu gelangen.

Wir durchradeln die »Uferstraße« und biegen am Backhaus rechts ein in die »Brühlstraße«. An ihrem oberen Ende wird dann rechts eingeschwenkt. Nun überqueren wir eine Brücke. Hinter der Brücke führt der Weg – den Waldrand zur Rechten – bergan.

Auf dem Sattel zwischen Hütte und Römershausen angekommen treffen wir auf ein Wegekreuz. Hier geht es einfach geradeaus. Zwischen Feldern und Wiesen führt der Weg in nordöstlicher Richtung bis zur K 111. In diese biegen wir links ein und folgen ihr bis zum Ortsrand von Römershausen. Im Ort wird links in die »Römerstraße« eingeschwenkt. Bei der nächsten Möglichkeit wenden wir uns dann nach rechts und durchfahren den alten Ortskern des Bauerndorfes.

Nachdem wir das Dorf durchfahren haben, folgen wir einem geschotterten Weg, bis wir erneut an die K 111 gelangen. Diese überqueren wir und fahren auf einem Wirtschaftsweg gemächlich durch offenes Feld bergan. Nachdem wir ein kurzes Waldstück passiert haben, erreichen wir auf einer Sattelhöhe einen Wegeknoten. Von hier aus erblickt man voraus bereits die ersten Häuser von Runzhausen. Wir rollen abwärts und gelangen durch einen Hohlweg an den Ortsrand. Nun ist der »Unteren Dorfstraße« bis zu Füßen des auf einer kleinen Erhöhung im Dorfzentrum gelegenen Kirchleins zu folgen. Vor der Kapelle biegen wir links ab, rollen zwischen alten Fachwerkhäusern hindurch auf die Volksbank zu und schwenken an ihr erneut, diesmal rechts ein. Dabei umrunden wir die Kirche und gelangen an das rückseits gelegene Eingangsportal.

Die West- und die Südseite der liebevoll auch als »**Runzhäuser Kaffeemühle**« bezeichneten Kapelle ist mit schwarzem Schiefer verkleidet. Dagegen bietet sich das sorgfältig restaurierte Fachwerk auf der Eingangsseite offen in ganzer Pracht dem Auge des Betrachters dar. Es war der Zimmerermeister Johann Georg Blöcher, der die zweistöckige Kapelle mit dem ungewöhnlichen quadratischen Grundriß, dem Zeltdach und der Haubenlaterne im Jahre 1781 erbaute. Die Wandmalereien im Inneren des Sakralbaus stammen vermutlich ebenfalls aus der Entstehungszeit. Die Fenster dagegen zieren Glasmalereien, die erst in den 80er Jahren unseres Jahrhunderts von Erhardt Jakobus Klonk geschaffen wurden.

Nachdem wir den interessanten, kleinen Sakralbau betrachtet haben, fahren wir auf der »Daubhausstraße« weiter in Richtung Bundesstraße, überqueren sie vorsichtig und rollen dann auf der L 3288 in Richtung Sinkershausen. Durch die offene Feldflur gelangen wir bald nach Bellnhausen. Das Dörfchen scheint sich regelrecht ins Tal der Allna ducken zu wollen.

Bellnhausen ist schon seit je Teil des Untergerichts Blankenstein. Das ländliche Gesicht des verschlafenen Weilers täuscht leicht über die alte bergbauliche Tradition hinweg. Schon 1697 wurde in Bellnhausen ein Vitriolbergwerk genannt. Zwischen ca. 1840 und den 30er Jahren unseres Jahrhunderts baute man in Schachtanlagen südlich der Ansiedlung auch Nickelerze ab, die in der Erdhäuser Aurorahütte (siehe Mühlenweg) verhüttet wurden.

In Bellnhausen angelangt überqueren wir die Allna und radeln, an der schmucklosen Fachwerkkapelle zur Linken vorbei, bergauf durch die »Forststraße«. Alsbald geht die stetig steigende Straße in die »Lanzenbachstraße« über. Auf der steil berganführenden Straße kehren wir Bellnhausen den Rücken und tauchen in den Wald ein. Das Wasser des klaren und kalten Baches in der Bachschlucht zu unserer Rechten springt über zahlreiche Felsen hinab und der Allna zu.

Während wir auf dem felsigen Sporn zu unserer Rechten einen lichten Buchenbestand finden, verstellen die dichten Reihen enganeinander gepflanzter Fichten den Blick über die Bachschlucht zur Linken. Der deutliche optische Gegensatz zwischen dem Buchenwald und dem Fichtenforst regt dazu an, über die Geschichte der Waldentwicklung in Hessen nachzudenken.

Einst bildeten in Hessen Rotbuchen riesige und geschlossene Wälder. Doch waren bis ins 17. und 18. Jahrhundert weite Flächen, die auch heute wieder von Wald bedeckt sind, gerodet. Trotz oftmals drakonischer Strafmaßnahmen gegen den Waldfrevel vermochten landesherrliche Waldschutzgesetze in der frühen Neuzeit der Zerstörung des Waldes keinen Einhalt zu gebieten. Der Prozeß der Verödung und Verheidung der Landschaft schien damals kaum noch umkehrbar.

Es war schließlich der in Gladenbach geborene Georg Ludwig Hartig (1764-1837), der dem Gedanken der **»Nachhaltigkeit in der Forstwirtschaft«** Auftrieb verschaffte. Das Ziel seiner Bemühungen bestand darin, eine Waldnutzung zu betreiben, die den Nutzen des Waldes auch den nachkommenden Generationen zugute kommen ließ. Zu diesem Zweck errichtete er 1797 in Dillenburg ein forstliches Lehrinstitut und konnte die epochalen Ergebnisse seiner Forschung in dem 1808 erschienenen »Lehrbuch für Förster« der Öffentlichkeit präsentieren.

Es gelang ihm, die bedrohliche Übernutzung durch Beweidung und Holzeinschlag und die daraus entstandenen erheblichen Waldschäden zu beheben. Die Entnahme von Holz wurde in den Wäldern Hessens von nun an durch die Anpflanzung und Aussaat junger Bäume ausgeglichen. Das seitdem der Nadelholzaussaat gegenüber dem natürlicheren Buchenwald der Vorzug gegeben wurde, ließ sich nicht allein darauf zurückführen, daß der Anbau der schnellwüchsigen Nadelhölzer einen rascheren Gewinn versprach. Oftmals konnten nur anspruchslose Nadelhölzer, wie die Fichte – deren Urheimat eigentlich in den Hochgebirgen zu finden ist – auf den völlig ausgehagerten und verwüsteten Waldböden noch ein Auskommen finden.

Wir folgen der engen Bachschlucht aufwärts. Die zunächst noch sehr jähe Steigung des Weges läßt im oberen Bereich nach. Bald wird eine Weggabelung erreicht, hier geradeaus fahrend halten wir uns weiterhin rechts des Baches. Am Bachlauf oberhalb der Kreuzung finden sich einige Schwarzerlen, die eine kümmerliche Existenz im Würgegriff der monoton und düster wirkenden Fichtenschonung führen.

Bei aller Kritik über den aktuellen Zustand des Waldes und am Sinn forstwirtschaftlicher Methoden darf nicht vergessen werden, daß nicht erst die schweren Forstschäden des Jahrhundertsturms vom November 1984 ein **Umdenken in der hessischen Forstwirtschaft** einleiteten: Bindend wurde vorgeschrieben, die Forstbestände in Mischbestockung zu bringen. Dies entspricht dem in einer Publikation über den Wald in Hessen formulierten Ziel des Hessischen Ministeriums für Landwirtschaft, Forstwirtschaft und Naturschutz »einen vernünftigen, intelligenten und naturnahen Waldbau (...) zu betreiben«.

So ist davon auszugehen, daß auch die Schlucht des Lanzenbachtals eines Tages ein anderes, ursprünglicheres Gesicht zeigen wird.

Eine natürliche Vegetation in der Lanzenbachschlucht ließe einen Schwarzerlenbestand seine Wurzeln in der nassen Aue vom Wasser des Baches umspülen, während die schattigen Hänge der Schlucht von Ahornbäumen und anderen Edelholzarten bestanden wären. Buchen, an lichten, warmen Plätzen auch Eichen, besiedelten die Kuppen und flacheren Hänge.

Auf dem Weg durch die Wälder zwischen Bellnhausen und Damshausen orientieren wir uns stets an der Wanderwegmarkierung, die hier ein schwarzes Dreieck auf weißem Grund aufweist. Sie findet sich in regelmäßigen

Abständen an den Bäumen am Wegesrand. Im oberen Bereich des Bachgrabens beschreibt der Weg eine Linkskurve, um an einer Waldwiese die Quelle des Lanzenbachs zu überspringen. Durch einen Bestand mächtiger Buchen gelangen wir an eine Fichtenschonung, vor der uns die Wanderwegmarkierung auf den rechts abzweigenden Waldweg leitet. Der Wechsel von Buchenwäldern und Fichtenschonungen bildet auf den nächsten Kilometern ein typisches Bild. Nun geht es in gemächlicher Steigung bergan. Wir lassen uns durch das Fehlen der Markierung an der nächsten Kreuzung inmitten eines Fichtenbestandes nicht irritieren und radeln geradeaus. Bald darauf fahren wir einen Abhang hinunter. Rechts und links wird der Hang von einem Bestand noch junger Buchen eingenommen.

Obwohl durch die Waldnutzung vor allem während des Hochmittelalters und in der frühen Neuzeit heftig in Mitleidenschaft gezogen, ist Hessen mit seinen Mittelgebirgen bis heute das natürliche Verbreitungsgebiet der Rotbuche geblieben. In historischen Karten wird das Gebiet zwischen Weserbergland und Schwarzwald sogar als **Buchonia**« – das bedeutet Buchenland – bezeichnet. Es wundert deshalb nicht, daß die Rotbuche seit je von großer wirtschaftlicher Bedeutung ist. Der Baum liefert wertvolles Brennmaterial und dient als Möbelholz. Die aus ihm gewonnene Pottasche wurde in der Seifensiederei, Tuchfärberei und bei der Herstellung von Glas gebraucht. Große Mengen von Holzkohle aus den Köhlereien fanden Verwendung in der Erzverhüttung. Die fettreiche Frucht der Buche – die Buchecker – diente zur Ölgewinnung und vor allem der Schweinemast.

Bald gelangen wir an eine Wegkreuzung am Rande einer Waldwiese. Hier lassen wir einen Viehunterstand rechts liegen, dann ist ein kreuzender Weg zu überqueren. Bald darauf stoßen wir auf eine alte Eiche. Zu Füßen dieses alten – leider von Fichten völlig umstellten – Baumveteranen findet sich der Gedenkstein einer Jagdgenossenschaft. Auch hier lassen wir uns von der Markierung mit dem schwarzen Dreieck leiten, um alsbald in das Quellgebiet der Ohe zu gelangen. Alte Baumriesen lassen im Quelltopf eines Ohearms genug Licht auf den Boden fallen, um auch »dem Nachwuchs eine Chance zu geben«. Der junge Buchenbestand bildet ein dichtes Unterholz und hebt damit die Umgebung der Quelle wohltuend von der dominierenden Form des Altersklassenwaldes ab. Unser Weg mündet nun auf einen Querweg, in den wir links einschwenken. Durch eine Kehre folgen wir dem Weg talabwärts. Schweift der Blick in die Ferne, so fällt er überall auf bewaldete Hänge und Kuppen. Doch der sich einen Moment aufdrängende Eindruck der Unendlichkeit des Waldes trügt, denn schon bald haben wir den gerodeten Wiesengrund des Ohetals erreicht. Auf dem sich allmählich weitenden Talgrund geht der Weg nahe Damshausen in eine Asphaltstraße über, die auf den wenig geneigten, unteren Hängen Äcker begleiten.

Neben den erwünschten Pflanzen wuchsen auf Äckern stets an das Leben auf der Feldflur angepaßte Wildkräuter. Während der Einsatz von Pflanzenschutzmitteln, mineralischen Düngemitteln und hochtechnisierten Landmaschinen in den landwirtschaftlichen Gunsträumen eine bestandsgefährdende Verdrängung dieser Kräuter bewirkte, konnte sich im seit je extensiv bewirtschafteten Lahn-Dill-Bergland eine reiche Ackerwildkrautvegetation erhalten. Um den Schutz der Artenvielfalt auch für die Zukunft zu gewährleisten, versucht man, diese Pflanzen heute gezielt zu schützen. Dabei kommt dem **Ackerbau im Lahn-Dill-Bergland** eine erhebliche Bedeutung zu, denn nur die Fortführung der extensiven Ackernutzung garantiert den Erhalt der selten gewordenen Wildkrautflora.

Während die Landwirtschaft im Mittelgebirge nach wie vor an ökonomischer Bedeutung verliert, übernimmt sie somit eine wichtige Aufgabe im Natur- und Artenschutz. Der Landwirt wird zum aktiven Umweltschützer.

Bald kreuzt der Asphaltweg die Ohe und wendet sich daraufhin der am linken Talhang entlangführenden K 73 zu. In diese biegen wir rechts ein und gelangen nach ca. 200 m an den Ortsrand von Damshausen. Hier überqueren wir die Straße erneut und radeln auf der »Ortsstraße« auf die Kirche zu. Im Ortsinneren ist dem Hinweisschild zum »Rimbergturm« zu folgen.

Zur Rechten findet sich alsbald die von der Familie Spies geführte »**Hinterländer Bauernschänke**«. Vor dem Anstieg zum »Rimberg« bietet sich so die Möglichkeit zu einer Rast bei deftiger Hausmannskost.

Öffnungszeiten: Hofverkauf, täglich von 9.00 Uhr – 18.00 Uhr; Schänke, Täglich 11.00 Uhr – 22.00 Uhr, Do. Ruhetag

Kontakt: Erich Spies, Rimbergstraße 4, 35232 Dautphetal-Damshausen, Tel.: 06420/ 7339

Zugegeben kostet es nach der kulinarischen Pause einige Überwindung, sich erneut auf den harten Fahrradsattel zu setzen. Zudem muß auf der nun folgenden Steigungsstrecke zum »Rimberg« hart in die Pedale getreten werden. Dabei macht uns die leider teilweise stark verwitterte Beschilderung zum »Rimberg« immerhin die Orientierung leicht. Hecken, Feldraine und andere zahlreiche Feldgehölze gliedern die Flur im Tal des Damsbaches, durch das wir nun auf der »Rimbergstraße« aufwärts gelangen.

Diese **Feldgehölze** bilden wichtige Zentren, aus denen heraus die Tierwelt die umliegende Feldmark besucht. Die im Frühjahr in prächtigem Weiß blühende Schlehe – eine Wildpflaumenart – ist eine charakteristische Heckenpflanze. Weitere Wildobstarten, die Eberesche sowie Weiden und Erlen bilden in Feldgehölzen ebenfalls ein gewohntes Bild. Um möglichst zahlreichen Tieren Nahrung und Schutz zu bieten, ist ein dichtes Unterholz vonnöten. Für kleinere und kleinste Tierarten bilden die Feldgehölze einen eigenen Biotop. Als Besucher finden sich aber häufig auch größere Tiere ein. Für diese haben die Feldholzinseln eine wichtige »Trittsteinfunktion«, um in der Ackerflur geschützt von einem Lebensraum in den anderen zu gelangen. Damit bilden die Gehölze einen entscheidenden Beitrag zum Austausch unter ansonsten zur Isolation verurteilten Tierpopulationen.

Man sollte jedoch auch erwähnen, daß die Hecken, Raine und Baumgruppen neben den ökologischen und schützenden Aufgaben ein prägendes landschaftsästhetisches Element darstellen. Auch im Lahn-Dill-Bergland mußten die Feldgehölze häufig den Ansprüchen einer modernen Landwirtschaft weichen. Doch finden sich wie hier im Tal des Damsbaches zu Füßen des »Rimberges« noch zahlreiche der alten Flurhecken.

An einer Schautafel am Wegesrand zur Linken, die uns auf die Spazierwege zur Spitze des 497 m über NN aufragenden »Rimberges« aufmerksam macht, erreichen wir den höchsten Punkt der »Rimbergstraße«. Hier ist links in den geschotterten Forstweg einzubiegen. Nach etwa 150 m erreichen wir eine Gabelung, an der wir uns rechts und bergauf wenden. Nach ca. 350 m und einigen Serpentinenschleifen erreichen wir den Turm. Von der obersten Plattform der 24 m hohen Stahlkonstruktion herab breitet sich das Panorama der mittelhessischen Berglandschaft vor uns aus. Von hier läßt sich das Relief sowie die ihm zugrundeliegenden natürlichen Gestaltungsprozesse und geologischen Bedingungen erläutern.

Die Aussicht vom »Rimberg« erlaubt uns den Blick auf eine **Vielzahl Geologischer Formen**. Sie sind das Ergebnis unterschiedlicher Ausgangsmaterialien und ihrer Gestaltung durch Wind, Wetter und Bewegungen der Erdkruste.

Zunächst wollen wir uns, im Norden beginnend, einen orientierenden Überblick verschaffen. Direkt zu unseren Füßen liegt das obere Lahntal. Das im Verlaufe der letzten Eiszeit von Schottern eingeebnete Tal scheidet das in unserem Rücken gelegene Lahn-Dill-Bergland von den bewaldeten Bergen des Lützelgebirges. Dieses Gebirgsmassiv bildet einen östlichen Ausläufer des Rothaargebirges. Wie ein Fels in der Brandung schiebt sich der östlichste Teil dieses Gebirges, der »Wollenberg« weit in die Tafellandschaften der hessischen Senke vor.

Die Formen des Lützelgebirges vor uns, wie auch das Relief des Lahn-Dill-Berglandes im Süden und Südwesten, sind charakteristisch für die Gebirgswelt des Schiefergebirges. Die Gesteine des Rheinischen Schiefergebirges entstanden während des Devons und Karbons vor etwa 280-400 Millionen Jahren. Das Gebirge ist ein in seiner Entwicklungsgeschichte unendlich oft gehobenes und wieder abgesenktes, gebrochenes und gefaltetes Konglomerat von Erdschollen. Die Gesteine des Untergrundes sind von ungeheurer Vielfalt und wegen ihrer unterschiedlichen Entstehungsbedingungen auch von unterschiedlichster Widerständigkeit. Schließlich leisteten Regen und Wind, Eis und Schnee ihren Beitrag, diese Gesteinsmassen über Millionen von Jahren abzutragen, um sie an anderen Orten wieder aufzuschütten. So wechseln steile Bergkegel und karge Hochflächen in buntem

Wechsel mit flachen Beckenzonen und tiefen, schattigen Kerbtälern. Es verwundert nicht, daß angesichts der komplexen Entstehungsgeschichte und des verwirrenden Reichtums des Formenschatzes dieser Gebirgsformen die darin befindliche Lebenswelt ein ebenso mosaikartiges, dichtverschachteltes Nebeneinander verschiedenster Arten und Lebensgemeinschaften entwickelte.

Schauen wir nun nach Nordosten: Jenseits einer flachen, ackerbaulich genutzten und von zahlreichen Siedlungen erschlossenen, sanfthügeligen Niederung entdecken wir ein Gebirge von gänzlich anderer Gestalt. Die flach geneigten, wenig gegliederten und von geschlossenem Wald bedeckten Buntsandsteintafeln des Burgwaldes brechen im Steilabfall ab zum Tal der Wetschaft. Im Buntsandsteinland zeigen sich uns die steingewordenen Zeugen eines tropischen Stromes, der während des Trias vor mindestens 200 Millionen Jahren mit seiner von Süden herbeigeführten Schlammlast die küstennahen Sedimente eines längst vergangenen Meeres überlagerte. Da die nährstoffarmen und moorigen Böden des Sandsteingebirges eine dichtere Besiedlung ausschlossen, ist der Burgwald auch heute noch eine der waldreichsten und dünn besiedelsten Regionen in Hessen.

Hinter dem Burgwaldplateau erahnt man die Höhen des Waldeck'schen Kellerwaldes, auch dieser ist ein Schiefergebirge auf nach Osten vorgeschobenem Posten.

Direkt vor uns im Osten fällt der Blick im Mittelgrund auf den Marburger Rücken. Auch hierbei handelt es sich um einen bewaldeten Sandsteinrücken. Er bildet die Fortsetzung des Burgwaldplateaus nach Süden.

Im Südosten lassen sich bei schönem Wetter die Höhen des vulkanischen Vogelsberges erahnen.

Der spitze Kegel des »Dünsberges« bildet einen markanten Blickpunkt im Süden. Gleichzeitig deutet er den südlichen Rand des Lahn-Dill-Berglandes an. Das dahinter im Dunst verschwimmende Bergland gehört bereits zum Taunus.

Nachdem wir nun mit einem Rundumblick auf die Bergformationen des Bildmittel und -hintergrundes eingegangen sind, kommen wir nicht umhin, auch die Besonderheiten der schmalen, ackerbaulich intensiv genutzten Zone zwischen dem Rand des Rheinischen Schiefergebirges im Westen und der Abbruchkante der Sandsteintafeln im Osten zu erörtern. Einst wurde das Schiefergebirge während einer Senkungsphase von zahlreichen Sedimentschichten überdeckt. Als sich die Erdschollen dann in einem Neigungswinkel von West nach Ost erneut zu heben begannen, wurden diese wenig widerständigen Deckschichten abgespült. Die Sandsteintafeln des Burgwaldes und des Marburger Rückens bilden einen noch heute sichtbaren Teil dieses Deckgebirges. Darunter jedoch befindet sich eine weitere dünnere Schicht. Es handelt sich um die sehr weichen und erosionsanfälligen Sedimente des Zechsteinmeeres.

Das Zechsteinmeer war ein warmes, küstennahes Flachmeer, in dem sich vor etwa 280-250 Millionen Jahren – während des Perm – fruchtbare Sedimente absetzten. Diese mineralreichen Schichten treten in einem schmalen und sehr fruchtbaren Streifen zutage. Schon in der Frühzeit des Ackerbaus in Europa – lange vor der Zeitenwende – begannen deshalb unsere Vorfahren, das Land an der Wetschaft und im Westen des Marburger Rückens zu roden, zu besiedeln und zu bebauen.

Der »Rimberg« bildet den nordöstlichsten Punkt unserer Route. Von hier machen wir uns auf den Rückweg nach Bad Endbach. Zunächst radeln wir von der Bergspitze hinab zurück bis zur Weggabelung. Dabei werden wir unsere Aufmerksamkeit der Bodenvegetation des

Buchenhochwaldes, der sogenannten Krautschicht widmen.

Schon beizeiten bildet sich im Frühjahr zu Füßen der Baumriesen ein farbenfroher Blütenteppich aus Waldmeister, Waldveilchen und Buschwindröschen, der den Winter in seine Schranken weist.

Die frühjährliche Blütenpracht am Boden ist ein Spiegel des kleinräumigen Wechsels nährstoffarmer mit nährstoffreicheren Böden. Mal findet sich deshalb eine ausgeprägte Bodenbedeckung durch Gräser und Kräuter, ein andermal ist die Bodenbedeckung von außerordentlicher Kargheit. In Wechselwirkung mit dem Mineralgehalt des Untergrundes geben sich im Buchenwald ganz unterschiedliche »**Waldgesellschaften**« ein Stelldichein.

Im Lahn-Dill-Bergland finden sich vor allen Dingen zwei der drei typischen Buchenwaldgesellschaften: Auf sauren, nährstoffarmen Böden entfaltet sich der artenarme »Hainsimsenbuchenwald«. Die Hainsimse, eine anspruchslose Grasart, ist die bestimmende Pflanze der Krautschicht. Neben ihr fristen am Boden dieser Hallenbuchenwälder lediglich einige Moose ein kümmerliches Dasein. Bevor das dichte sommerliche Laub der Buche den Wald in grünes Dämmerlicht taucht, bietet die Blütenpracht des Waldmeisterbuchenwaldes ein weitaus freundlicheres Bild. Diese nährstoffliebende Waldgesellschaft findet sich vor allem auf den basenreichen (nährstoffreicheren) Böden der Kalk- und Vulkangebirge. Auf besonders trockenen und sonnigen Kuppen und Riegeln schieben sich Eichenhaine in den Buchenwald ein.

Neben den Pflanzengesellschaften bietet der Buchenwald vielen Tierarten eine Heimat. Obwohl die Insektenwelt die größte Gruppe unter den Tierarten stellt, sind auch Wirbeltier- und Vogelarten für ihr Überleben auf den Buchenwald angewiesen.

An der Gabelung wenden wir uns nach rechts. Bald tritt der Weg aus dem Wald hinaus und führt durch die Feldflur oberhalb von Damshausen, um kurz darauf wieder im Wald einzutauchen. Wir folgen erneut der Markierung eines Wanderweges. Dem schwarzen Quadrat auf weißem Grund können wir uns über zahlreiche Abzweigungen und Waldkreuzungen hinweg sicher bis nach Holzhausen anvertrauen.

Dabei stoßen wir im Bergwald oberhalb des Lahntales auf die K 73. Sie wird überquert. Während wir jenseits der Straße zunächst an einem Acker entlang radeln, nimmt uns der Bergwald schon bald wieder die Sicht. Immer noch auf der Kammhöhe über dem Lahntal treffen wir bald darauf auf eine alte abgestorbene Eiche zu unserer Linken.

In einem naturnahen Wald findet sich immer auch Todholz, wie der Förster abgestorbene Bäume nennt. **Alt- und Todholzbestände** bilden wichtige Unterschlüpfe und Futterplätze für die Tierwelt. Auch Pflanzen und Pilze profitieren von abgestorbenen Bäumen. Insgesamt spielt für die »Lebensqualität« des Waldes das Vorhandensein unterschiedlicher Altersklassenbestände eine wesentliche Rolle. Bilden Alt- und Todholzbestände wichtige Unterschlüpfe, so dienen die frischen Triebe junger Bäume als Nahrung. An einer gesunden Altersklassenstruktur mangelt es in den Wäldern des Lahn-Dill-Berglandes noch häufig. Auch hier wird die naturnahe Waldwirtschaft in der Zukunft positive Veränderungen bewirken.

Bald darauf stoßen wir an einer Wegekreuzung auf eine Bank unter einer knorrigen Buche. Bevor wir weiterhin der Rechteck-Markierung folgen und rechts einschwenkend talwärts rollen, wollen wir dem seltsamen, aus verkrüppelten Eichen und Buchen zusammengesetzten Waldbestand der umliegenden Kuppen Beachtung schenken.

Es handelt sich hier um den alten Hauberg von Herzhausen. Zahlreiche Flurnamen im Lahn-Dill-Bergland geben auch noch heute Auskunft über die einstige Bedeutung der **Haubergswirtschaft**, einer alten Form der Waldbewirtschaftung. Sie war vor allem im Siegerland, aber auch in den Bergbau- und Verhüttungsbezirken des Lahn-Dill-Berglandes verbreitet.

Die Waldverwüstung des 16. Jahrhunderts erzwang eine neue Form der Waldbewirtschaftung. Die Vorräte für die zur Eisengewinnung notwendige Holzkohle drohten zur Neige zu gehen. So führten die Landesherren eine Waldbewirtschaftung ein, die, auf genossenschaftlicher Basis betrieben, die dauerhafte Sicherung der Ressource zum Ziel hatte.

Zu diesem Zweck wurde der »Hauberg« eines Dorfes in bis zu etwa zwanzig Schläge eingeteilt. Jährlich konnten die Genossen einen der Schläge abernten. Die etwa zwanzigjährigen Eichen-; Birken- und Buchenstämme wurden mit der Axt »auf den Stock gesetzt«, das heißt am Stamm abgeschlagen. So konnten aus den Stämmen in den Folgejahren junge Triebe ausschlagen, die nach ca. zwanzig Jahren Wuchszeit erneut geerntet wurden.

Während dieser Zeit konnte der Hauberg einer Vielzahl anderer Nutzungen unterzogen werden: So wurde Eichenlohe für die Lederproduktion geerntet, zu bestimmten Zeiten trieb man das Vieh in die Schläge und gewann Stalleinstreu im Hauwald, ja sogar die Zwischennutzung für den Ackerbau, gleich nach der Ernte des Holzes, war durchaus üblich.

Die Haubergsbewirtschaftung führte zur Entwicklung eines Waldtyps, dessen Floren- und Faunenreichtum den anderer Wälder bei weitem übertrifft. Der inzwischen selten gewordene Hauwald ist ein Lebensraum von hoher Naturschutzbedeutung.

Nun rollen wir auf kurzer, sehr steiler Strecke hinab nach Herzhausen. Zunächst begleitet uns noch Wald, der bei der Herzhäuser Schutzhütte vor den Wiesenhängen oberhalb des Dorfes zurückweicht. An der Schutzhütte geht der geschotterte Forstweg in einen Asphaltweg über. Hier ist Vorsicht geboten, denn der steil abwärts schießende Weg wird von einer tiefen Rinne gequert. Alsbald gelangen wir zwischen den Häusern des ruhigen Dorfes hinab zu einem Sparmarkt zu unserer Rechten, an dem links in die »Herzhäuser Straße« einzubiegen ist. Bald steigt die Straße in einer Serpentinenschleife an und verläßt das Dorf in Richtung Runzhausen. Wir folgen dem Sträßchen durch die offene Feldflur und erreichen die Trasse der B 453. Hier biegen wir rechts ab in den Asphaltweg, der den Damm der Bundesstraße in einer Unterführung durchstößt. Jenseits der Unterführung knickt der Weg links ab, um sich langsam auf Holzhausen zuzuschlängeln. Feuchte Senken werden von zahlreichen Quellbächen durchzogen und finden sich weiter unterhalb zur Dautphe zusammen.

Die um künstlich geschaffene Tümpel ergänzten Wiesen an der Dautphe sind wertvolles Refugium selten gewordener Pflanzen- und Tierarten. Die waldfreie, feuchte Wiesenlandschaft bildet einen alten Streuwiesenbestand. Auch die **Streuwiesen** sind das Produkt generationenlanger menschlicher Bewirtschaftung. Es sind Wiesen in den vernäßten Bereichen der Bachauen. In der Vergangenheit wurden sie im Herbst gemäht und das gewonnene minderwertige Heu fand als Einstreu im Viehstall Verwendung. Heute sind die Streuwiesen für die Landwirtschaft kaum noch von Interesse, da sie schwer zu bearbeiten sind und wenig Profit abwerfen. In dem Maße aber, in dem das Interesse der Landwirtschaft an den nur extensiv nutzbaren, nassen und artenreichen Wiesen sinkt, steigt ihr Wert für den Naturschutz.

Endlich erreichen wir Holzhausen, das Dorf am »Hünstein«. Zunächst passieren wir einige Sportanlagen, dann durchqueren wir ein kleines Gewerbegebiet und endlich überqueren wir die »Talstraße«. Auf der »Steingasse« gelangen wir in den Dorfkern.

Holzhausen am Hünstein ist mit seiner großen Feriensiedlung und seiner touristischen Infrastruktur das idyllisch im Schutz des Hünstein gelegene touristische Zentrum der Flächengemeinde Dautphetal. Die stark verdichtete, in die tief eingekerbten Nebentäler der Dautphe hineinragende Siedlung verfügt über eine vergleichsweise gute Infrastruktur mit zahlreichen kleinen Läden. Der Bestand dieser Geschäfte dürfte sicherlich auf die Nachfrage aus dem Fremdenverkehr zurückzuführen sein.

An einer Bäckerei verlassen wir die »Steingasse« und schwenken links in die »Schulstraße«. Gleich darauf biegen wir wiederum links in die »Hinterlandstraße«. Nach wenigen Metern zweigt die »Eckerstraße« rechts ab. Alsbald geht sie in die »Herrenwaldstraße« über. Der Weg führt beständig bergauf, denn wir befinden uns im engen Ursprungstal der Dautphe. Zunächst begleiten noch Wiesen unseren Weg. Bald jedoch ist der Schotterweg zu beiden Seiten vom Wald gesäumt. Von nun an orientieren wir uns an der jungen Dautphe, die stets zu unserer Rech-

Im Dautphetal

ten bleibt, bis wir auf dem immer schlechter ausgebauten, steil ansteigenden Forstweg das Plateau der Bottenhorner Hochfläche erreichen. An einer Waldkreuzung fahren wir geradeaus. Dem ebenen, schotterbefestigten Weg wird zur L 3288 gefolgt, um diese zu überqueren. Auf der K 21 rollen wir dann nach Dernbach und durch das Dorf hindurch. Hoch über dem Dernbachtal führt die Straße auf Wommelshausen zu. Zu unserer Linken passieren wir den Diabassteinbruch am »Schweinskopf«. Bald mündet die Kreisstraße in die L 3049. Wir wenden uns in Richtung Wommelshausen/Bad Endbach. Nur wenige Meter weiter findet sich rechts der Straße ein eingefriedetes Gartengrundstück. Dahinter zweigt rechts, ziemlich versteckt, ein Asphaltweg von der Landstraße ab, in den eingebogen wird.

Der informativ beschilderte »Schmetterlingspfad«, der die umgebenden Wege, Wiesen und Magerrasen durchstreift, wurde auf Initiative der Gemeinde Bad Endbach eingerichtet. Er geht ausführlich auf die Lebensgemeinschaften der trockenen Hangwiesen ein, deren Pflanzenreichtum für das Leben der Schmetterlinge von besonderer Bedeutung ist. Natürlich sind auch diese **Magerrasen** vom Menschen geschaffene Biotope. Da sie in wirtschaftlicher Hinsicht äußerst geringe Erträge abwerfen, ist ihr Bestand ähnlich bedroht wie der der Streuwiesen. Magerrasen verdanken ihre Existenz dem mittelalterlichen Raubbau an den Wäldern. Unkontrollierter Holzeinschlag, Waldweide und die Entnahme von Laubstreu für die Viehställe ließen die früheren Waldböden extrem abmagern. An besonders flachgründigen und sonnenbeschienenen Plätzen entwickelten sich schließlich typische Magerrasengesellschaften. Das trockene und besonders heiße Klima in Verbindung mit dem geringen Nährstoffgehalt der Böden erlaubte nur einer sehr spezialisierten Pflanzenwelt ein Überleben. Die Artenvielfalt der hier lebenden Insektenwelt steht in engem Zusammenhang mit der Artenvielfalt der Pflanzen.

Wommelshausen zu unserer Linken gelangen wir auf einen Querweg, in den rechts einzubiegen ist. Gleich darauf biegen wir links in einen Schotterweg ein. Nach nur wenigen Metern folgen wir einem weiteren Linksabzweig und erreichen einen Waldrand. Von hier bietet sich ein sehr schöner Blick auf Wommelshausen. Wir folgen dem Waldweg und umrunden dabei den Endbacher Hausberg »Wade«. Wieder im offenen Feld mündet der Weg in einen Querweg, in den man links einschwenkt. Nach ca. 100 m stößt der Schotterweg inmitten einer Magerrasenflur auf eine Asphaltstraße. Auf ihr rollen wir rechts einschwenkend bergab auf Bad Endbach zu.

An den Schautafeln eines Kulturlandschaftsplanes vorbei rollen wir auf den Bahnübergang zu, queren ihn und fahren dann zwischen den Häusern von Bad Endbach die »Bahnhofstraße« bis zur »Landstraße« hinab. In die »Landstraße« schwenken wir links ein, fahren bis zur Ampelkreuzung und ordnen uns hier rechts ein. Nun befinden wir uns wieder in der »Herborner Straße« vor dem Kur- und Bürgerhaus.

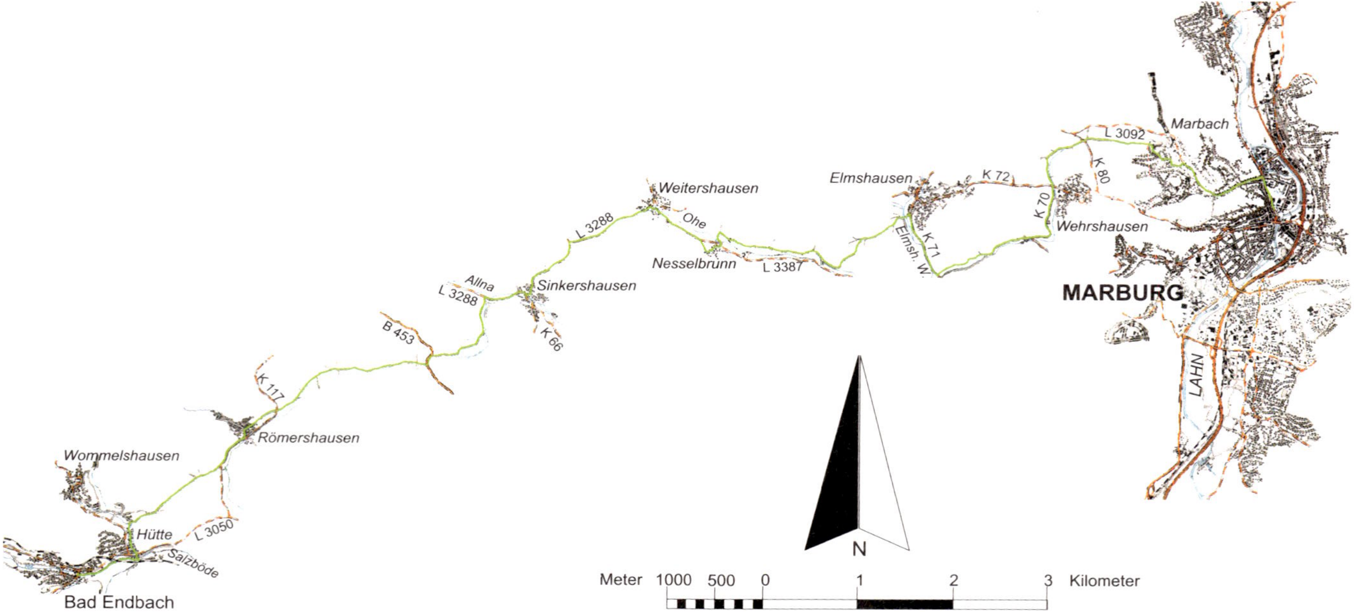
Marbach
L 3092
K 80
K 72
Elmshausen
K 70
Wehrshausen
Weitershausen
Ohe
K 71
Elmsh. W.
Nesselbrunn
L 3387
L 3288
Sinkershausen
Allna
L 3288
K 66
B 453
K 117
Römershausen
Wommelshausen
Hütte
L 3050
Salzböde
Bad Endbach
MARBURG
LAHN
N
Meter 1000 500 0 1 2 3 Kilometer

8. Durch's Allna-Bergland –
Über Berg und Tal nach Marburg

Bad Endbach – Hütte – Römershausen – Sinkershausen – Weitershausen – Nesselbrunn – Elnhausen – Wehrshausen – Marbach – Marburg

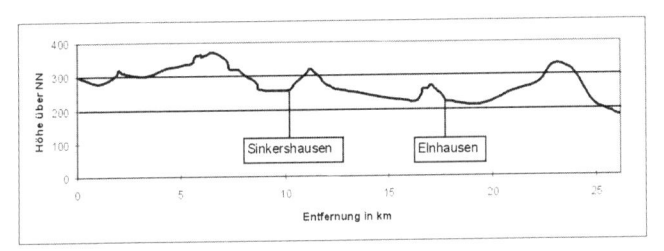

Ausgangspunkt: Kur- und Bürgerhaus Bad Endbach
Endpunkt: Elisabethkirche in Marburg
Distanz: ca. 26 km
Bewertung: mittel

Hinweise: Obwohl deutlich kürzer als die Alternativroute an den Ufern von Salzböde und Lahn, ist dieser Weg nach Marburg konditionell anspruchsvoller. Es werden mehrere Wasserscheiden überquert und drei verschiedene geomorphologisch-tektonische Landschaftszonen durchradelt.

Rückkehr zum Ausgangspunkt: Nach dem Besuch der pulsierenden Universitätsstadt Marburg empfiehlt sich die Rückreise mit der Buslinie 5345 des Regionalverkehr Kurhessen (RKH). Die Gesellschaft hat sich zur Mitnahme von Fahrrädern verpflichtet. Die Busse verkehren etwa stündlich zwischen Marburg und Hartenrod. Der Bus startet vor dem Bahnhof, doch gibt es in der Stadt mehrere Haltestellen. Über ihre genaue Lage sowie den günstigsten Rückreisetermin kann ihnen das Personal der Marburg Tourismus und Marketing GmbH zuverlässig Auskunft geben.

Diese Route nach Marburg führt uns durch das Allna-Bergland. Das ruhige westliche Hinterland der Landgrafenstadt Marburg wird in seiner Entwicklung seit jeher von den Bedürfnissen der Stadt im Lahntal bestimmt. Trotz der engen Verbundenheit mit dem benachbarten Oberzentrum ist das Allna-Bergland bis in die Gegenwart ländlich geprägt. Kleine Weiler mit imposanten fränkischen Mehrseithöfen, hügeliges Ackerland, feuchte Wiesengründe und waldige Kuppen bestimmen das abwechslungsreiche Bild. Manchmal scheint es dem Betrachter, als sei im Allna-Bergland die Zeit stehen geblieben.

Wir machen uns vom Kur- und Bürgerhaus auf den Weg und überqueren die »Herborner Straße«. Auf dem »Bornweg« fahren wir bachabwärts. Kurz hinter dem Gemeindehaus der »Freien evangelischen Gemeinde« endet die asphaltierte Straße und geht in einen guten Weg mit wassergebundener Decke über. Dieser Weg führt unter dem Eisenbahnviadukt hindurch. Ein weiterer kleinerer Natursteinviadukt befindet sich an der Einmündung des Wildbachtals in das Salzbödetal. Hier hält man sich links und überquert zunächst die Salzböde und dann die L 3050, um in die »Uferstraße«, in der Siedlung Hütte zu gelangen. Wir durchradeln die »Uferstraße« und biegen am Backhaus rechts ein in die »Brühlstraße«. An ihrem oberen Ende wird dann rechts eingeschwenkt. Nun überquert man eine Brücke. Hinter der Brücke fahren wir – den Waldrand zur Rechten – bergan.

Auf dem Sattel zwischen Hütte und Römershausen angekommen, treffen wir auf ein Wegekreuz. Hier geht es einfach geradeaus. Zwischen Feldern und Wiesen hindurch führt der Weg in nordöstlicher Richtung bis zur K 111. In diese biegen wir links ein und folgen ihr bis zum Ortsrand von Römershausen. Im Ort wird links in die »Römerstraße« eingebogen. Bei der nächsten Möglichkeit biegen wir dann rechts ein und durchfahren den alten Ortskern des Bauerndorfes.

Römershausen ist heute ein Ortsteil der Großgemeinde Gladenbach und zählt ca. 300 Einwohner. Die erste urkundliche Erwähnung des Ortes, noch unter dem Namen Rembretishusen, reicht in das Jahr 1255 zurück. Schon seit dem Mittelalter gehört Römershausen zum Untergericht des Amtes Blankenstein. Deshalb sind die Bewohner seit alters her mehr auf Gladenbach als auf Endbach hin orientiert. Das äußere Bild des Ortes wird auch in der Gegenwart von der Landwirtschaft geprägt, doch spielt sie nurmehr im Nebenerwerb eine Rolle. Schon seit dem 18. Jahrhundert sahen sich viele Einwohner gezwungen, neben der Landwirtschaft noch einem zusätzlichen Broterwerb nachzugehen.

So war, wie in vielen anderen Gemeinden des Hinterlandes, neben dem Zuverdienst im Bergbau und im Hüttenwesen die **Strumpfstrickerei** von großer Bedeutung. Der Gießener Professor Philip Engel Klipstein merkte in seinen »Mineralogischen Briefen« in der zweiten Hälfte des 17. Jahrhunderts für die benachbarten Gemeinden des Obergerichtes an: »Alles strickte wollene Strümpfe mit einer unbeschreiblichen Geschwindigkeit und einem Fleiß, der wenig seinesgleichen haben kann. Manns- und Weibs-Personen, alt und jung, waren damit beschäftigt, ob zu Hause oder auf Reisen. Gingen die Weiber auf ein Amt, so strickten sie vor der Tür, bis sie zum Verhör gefordert wurden. Fuhr ein Mann auf den Acker, so hatte er sein Strickzeug bei sich, strickte hinterm Pflug und am Nachhauseweg. Sie trieben dieses Geschäft im Sitzen, Stehen, Liegen, Gehen, in Krankheit und Gesundheit. Ganze Familien konnte man ohne Licht strickend antreffen. Nachts lag das Strickzeug unterm Kopfkissen, um bei etwaiger Schlaflosigkeit zum nützlichen Zeitvertreib zu dienen.«

Wir schlängeln uns nun zwischen den kleinen Hofreiten hindurch und kommen an der im Jahre 1354 zum ersten Male erwähnten Dorfkirche zu unserer Linken vorüber. Schon haben wir das Dorf durchfahren und folgen einem geschotterten Weg, bis wir erneut an der K 111 anlangen. Diese überqueren wir und fahren auf einem Wirtschaftsweg gemächlich durch Felder und Wiesen bergan. Nachdem wir ein kurzes Waldstück passiert haben, erreichen wir auf einer Sattelhöhe einen Wegeknoten. Hier geht es scharf links nach Rachelshausen – aus dem dortigen Steinbruch stammt wohl auch der mächtige Diabasblock, der hier als Wegweiser aufgestellt wurde – links geht es nach Runzhausen und rechts hinunter ins Dörfchen Kehlnbach.

Wir bleiben auf der Höhe und halten uns an den »Strumpfweg«, der seinen Namen den Handelswegen der Strumpfhändler verdankt, die die in den Dörfern des Hinterlandes angefertigten Strümpfe aufkauften und auf den Märkten ferner Städte vertrieben. Weiter geht es durch Wiesen, Felder und Feldgehölze.

An der stark befahrenen B 453 kreuzen wir die Fahrbahn. Dabei ist Vorsicht geboten, liegt doch die Übergangsstelle in einer unübersichtlichen Kurve. Die Straße ist eine enge und kurvenreiche Bergstraße, die aber eine wichtige Verbindung zwischen Gießen und den Industriebetrieben des oberen Lahntals darstellt.

Unterhalb der Straße biegen wir sofort links ab auf ein Schotterband, daß einige Meter parallel zur Straße verläuft. Dann schwenken wir rechts ein auf einen ausgefahrenen aber asphaltierten Wirtschaftsweg. Diesem Weg, der zwischenzeitlich auch nur geschottert ist, folgen wir über einen Riegel zwischen zwei tiefen Gräben abwärts. Schließlich gelangt man wiederum auf einem Asphaltweg in ein Bachtal. Wir haben jetzt das Einzugsgebiet der Salzböde verlassen. Der zu unserer Rechten befindliche Bach eilt der Allna entgegen. Auf der rechten Seite des Bächleins geht es weiterhin hinab.

Wir befinden uns nun im **Allna Berg-Land**, daß einen Übergangsraum zwischen dem rauhen, klimatisch benachteiligten Hochland um Bottenhorn und dem Gunstraum der hessischen Senke bildet. In dieser Zone bilden Wald und offene Flächen ein dichtverzahntes Miteinander. Kleine, ungeregelt angelegte und in jüngerer Zeit kaum gewachsene Weiler liegen inmitten beckenhaft erweiterter, ackerbaulich genutzter Talzonen, die von bewaldeten Kuppen umgeben sind. Die Hofreiten in den Dörfern sind deutlich größer als in den landwirtschaftlich benachteiligten Dörfern der oberen Salzböde. Es handelt sich oft um fränkische Mehrseithöfe, die wegen des hier vorherrschenden Anerbenrechts große Ländereien bewirtschaften.

Der Weg stößt schließlich im oberen Allnatal auf die L 3288. Hier biegen wir rechts ab. Wir folgen der Straße bis in das Bauerndorf Sinkershausen.

Wie Römershausen gehörte auch **Sinkershausen** schon in der Vergangenheit zum Untergericht des Amtes Blankenstein. Erstmals erwähnt wurde das Dorf in einem Talkessel der Allna im Jahre 1271. Besonders beachtenswert ist die wehrhafte Chorturmkirche.

Im Ort biegen wir links ein in die »Bachgrundstraße«. Zu unserer Linken sehen wir nun das wuchtige Kirchlein an der Ecke zur »Burggasse«. Hinter Sinkershausen führt uns die Straße durch ein enges, steil ansteigendes und schattiges Waldtal hinauf auf einen Sattel, der das Allnatal vom Ohetal, – einem linken Nebental der Allna, trennt. Auf der Höhe angelangt geht es rechter Hand über die Landstraße in schneller Fahrt hinab und nach Weitershausen hinein.

Im Dorf angekommen verlassen wir die L 3288 und biegen am Ortseingang rechts ab auf die L 3387. Ihr folgen wir bis Nesselbrunn. Kurz vor Nesselbrunn ist rechts abzubiegen. In einem Bogen fahren wir nun auf das westliche Ende des Weilers zu.

Alte Fachwerkscheunen tragen hier noch Reste der für das östliche Hinterland typischen, traditionellen **Kratzputz- oder Stupp-Putzverzierungen**.
  Nachdem die Gefache glatt verputzt wurden, erfolgte die Einbringung von Verzierungen in verschiedensten Techniken: mit Holzstäbchen, Spateln oder durch Ausstechen. Danach wurden die Gefache durch Kalkmagermilch geweißt. Meist dienten Ranken und Blätter als Motivvorgaben.

Wir gelangen zurück an die Landstraße und überqueren sie. Auf einem Gemeindeweg geht es geradeaus, doch ist schon nach wenigen Metern rechts abzubiegen auf die Hetschmühle zu. Diese lassen wir rechts in der Oheaue liegen und folgen dem Feldweg bachabwärts. Jetzt passieren wir den jenseits der Ohe gelegenen Niederhof. Es geht weiter – nun am Waldrand entlang – durch das im-

Toreinfahrt in Weitershausen

mer schmalsohliger werdende, sich zwischen bewaldete Höhen zwängende Bachtal.
Schließlich gelangen wir an einen Teich neben dem Bach an, eine Brücke führt hinüber auf die Landstraße.

Der kleine Teich ist das Ergebnis der jüngeren **Renaturierungsmaßnahmen im Auebereich** der Ohe. Waren Bäche und Flüsse jahrzehntelang begradigt und kanalisiert worden, um einen möglichst schnellen Abfluß des Wassers zu gewährleisten, werden in jüngerer Zeit wieder hier und da Teiche und Mäander angelegt und Feuchtwiesen renaturiert. Endlich hat man erkannt, daß die Drainagen und Begradigungen im Oberlauf der Flußsysteme wesentliche Ursache für die Überschwemmungskatastrophen in ihren Unterläufen sind. Die Bevölkerung in den Orten des unteren Lahntals kann hierüber ihr Leid klagen.

Hier verlassen wir nun die Ohe und fahren den Waldweg am linken Talhang hinauf. Auf geschottertem Wege fährt man mal gemächlich, mal aber auch steil aufwärts. Auf dem Sattel angekommen erreichen wir den Waldrand. Von einer Bank zur Rechten des Weges bietet sich ein schöner Blick in den Elnhäuser Grund. Im Hintergrund wird das stark bewaldete und nur gering geneigte Sandsteinplateau des Marburger Rückens sichtbar. Im Vordergrund liegt Elnhausen.

Das große Dorf **Elnhausen** zählt inzwischen 920 Einwohner. Im alten Ortskern im Nordwesten der Siedlung, in der Aue des Elnhäuser Wassers gelegen, findet sich ein kleines hufeisenförmiges Barockschloß, an das sich stattliche Wirtschaftsgebäude – Reste eines Gutshofes – anschließen. Grabenreste erinnern an eine Wasserburg, die im Mittelalter an diesem Platz stand. Die schlichte kleine Kirche von Elnhausen wurde zwischen 1742 und 1745 erbaut. Auf dem Hügel südlich des alten Ortskerns finden sich jüngste Siedlungserweiterungen.

Weiter geht es nun hinunter in die Aue des Elnhäuser Wassers. In der Aue angekommen, fallen auch hier Renaturierungsmaßnahmen und Anpflanzungen von Weiden und Kopfweiden positiv ins Auge. Wir überqueren die Brücke und stoßen auf eine Kreuzung. Es geht nun rechts ab. Auf der K 71 folgen wir dem Tal des Elnhäuser Wassers hinab Richtung Allnatal

Nach etwas mehr als einem Kilometer verlassen wir links abbiegend das Elnhäuser Wasser und folgen einem kleinen Nebenbach aufwärts. Der geschotterte Weg führt uns zum Ausflugslokal Dammühle.

Wir durchqueren einen schönen Auwaldbestand. Die sumpfige Talsohle ist von Schwarzerlen und Pappeln bestanden. Von hier an bis zur Dammühle ist der Weg Teil eines Naturlehrpfades, der vom Marburger Forstamt eingerichtet wurde. Endlich erreichen wir das bei den Marburgern sehr beliebte Ausflugslokal Dammühle, dessen Terrasse und Speisekarte auch uns zu einer Pause verlocken können.

Hinter der Dammühle stößt der Weg auf die K 70, in die wir links einbiegen. In zahlreichen Windungen führt uns die kleine Straße zu Füßen des Marburger Rückens nach Wehrshausen.

Die K 70 führt westlich an Wehrshausen vorbei. Der kleine Ort drückt sich eng an den steilen Hang der Buntsandsteintafel. Schließlich stößt die Straße auf eine andere Kreisstraße, die von Marburg kommend durch Wehrshausen weiter nach Westen führt. Diese Straße überqueren wir und gelangen so auf einen Wirtschaftsweg, der einem schmalen Talgrund folgend nach und nach gen Osten abbiegend bergauf führt.

Oben angelangt stoßen wir erneut auf eine Kreisstraße, auch diese wird überquert. Der Weg führt nun beständig abwärts durch die Felder auf den Marburger Ortsteil Marbach zu. Schließlich erreichen wir die ersten Häuser Marbachs. Zur Linken liegt das Europabad, eines der Marburger Hallenbäder in verkehrsmäßig allerdings völlig unzureichender Lage. Wir folgen der »Europabad Straße« durch ein Wohngebiet abwärts, bis wir an einem Wegeknoten auf den Weg »Auf der Hube« stoßen. Er zweigt in steil hinabführenden engen Kehren halb links von der »Europabad Straße« ab. Nun befinden wir uns im alten Ortskern von Marbach.

An den Hofanlagen Marbachs erkennt man noch das alte Bauerndorf. Schon bei der Gründung der Marburg wurde es zu einem Hausdorf erklärt. **Marbach** mußte dem Unterhalt der thüringischen Festung dienen. Schon vor Jahrzehnten wurde die ursprünglich bäuerliche Siedlung durch den Expansionsdrang der Universitätsstadt Marburg erfasst. Heute ist sie mit der Kernstadt zu einem festen Ganzen verwachsen.

Am unteren Ende der Gasse »Auf der Hube« angelangt biegen wir links ab, um dann an der Tankstelle gleich wieder rechts in »die Marbach« einzuschwenken. Die Bach – wie man in Hessen sagt –, auf der Sohle des engen Kastentales, das sich hier in den Sandstein hineinarbeitete, wurde aus Platzgründen verrohrt und unter die Straße verlegt. Wir folgen dem Talverlauf und stoßen schließlich nach etwa 1,5 km am Ende der Straße auf eine Ampelkreuzung, an der die mächtige Elisabethkirche liegt. Hier biegen wir wieder rechts ab. Nun folgen wir der Straße »Pilgrimstein«, vorbei an den Anlagen des »Alten Botanischen Garten« zu unserer Linken. Rechts erhebt sich die Oberstadt am steilen Hang über dem Lahntal. Am Ende des »Pilgrimstein« befindet sich der Oberstadtaufzug. Hier bietet sich die Möglichkeit, die Fahrräder zu parken, bevor man in die benachbarte Tourismusinformation der Marburger Tourismus GmbH einkehrt, um sich über die zahlreichen Sehenswürdigkeiten der Universitätsstadt und auch über die Rückreiseverbindungen zu informieren.

Kontakt: Marburg Tourismus und Marketing GmbH, Pilgrimstein 1, 35037 Marburg, Tel.: 06421/9912-0

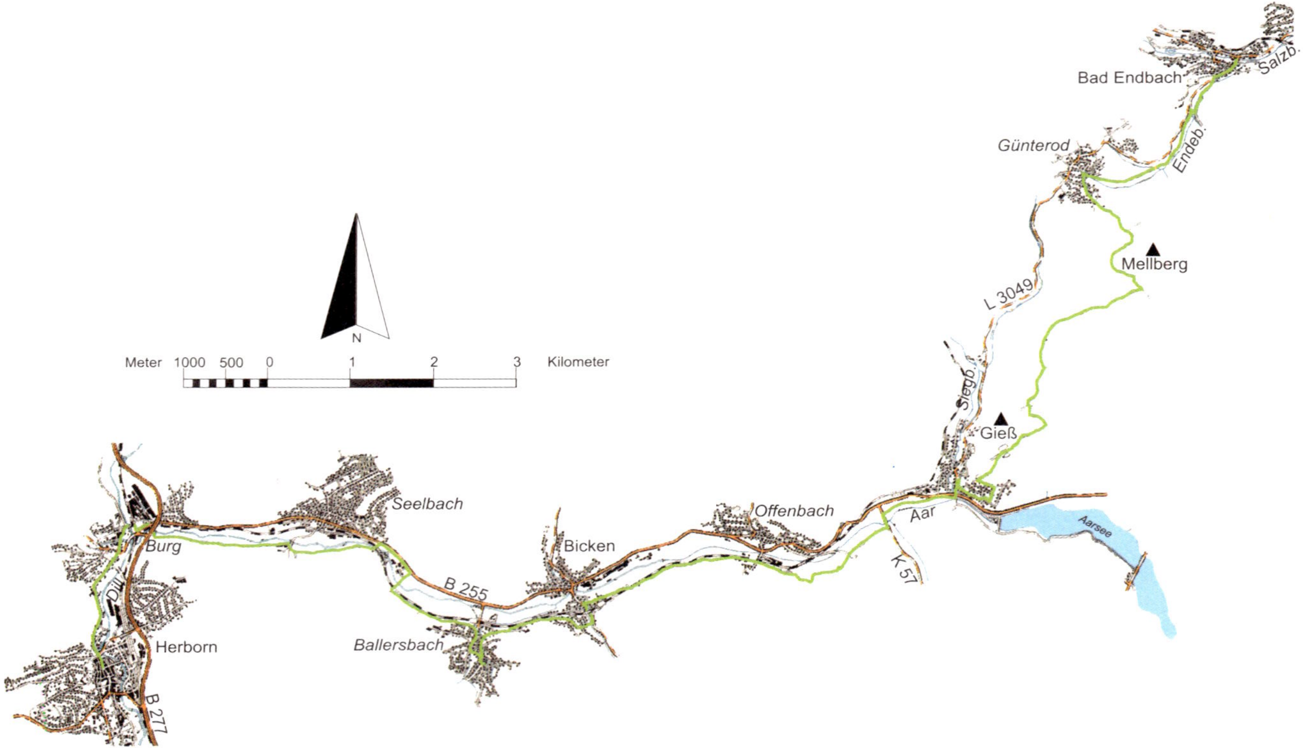
Bad Endbach
Salzb.
Günterod
Endeb.
Mellberg
L 3049
Siegb.
Gieß
Aar
Aarsee
K 57
Offenbach
Seelbach
Bicken
B 255
Ballersbach
Burg
Dill
Herborn
B 277
N
Meter 1000 500 0 1 2 3 Kilometer

9. Die »Aartalroute« – auf dem Weg durch das Aartal nach Herborn

Bad Endbach – Günterod – Bischoffen – Offenbach – Bicken – Ballersbach – Seelbach – Burg – Herborn

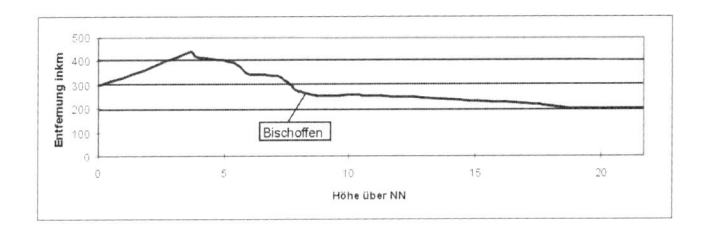

Ausgangspunkt: Kur- und Bürgerhaus Bad Endbach
Endpunkt: Rathaus Herborn
Distanz: ca. 23 km
Bewertung: leicht

Hinweise: Die Route beinhaltet nur eine Steigungsstrecke. Von Bad Endbach bis auf die Höhe des »Mellberges« oberhalb Günterods sind auf einer Stecke von 3,7 km 140 Höhemeter zu überwinden. Damit gehört die Aartalroute sowohl ihrer geringen Länge als auch des Steigungsprofils wegen zu den leichten Strecken. Nichts desto trotz bietet die »Aartalroute« romantische Winkel aber auch große Aussichten. Die Stadt Herborn als Ziel des Ausfluges ist kulturhistorisch ein attraktives Ziel.

Rückkehr zum Ausgangspunkt: Am Bahnhof Herborn setzt man sich in den stündlich verkehrenden Nahverkehrszug nach Hartenrod. Vom Bahnhof in Hartenrod fahren wir mit dem Rad abwärts, bis zur »Hauptstraße«, biegen links ein und radeln in Richtung Bad Endbach. Hinter dem Ortsausgang wird rechts in die Salzbödeaue eingebogen. Vor der Salzböde schwenken wir links in den Radweg ein. Am Ende des »Grundweges« fährt man rechts in die Straße »Am Kurpark«. Dem gewundenen Verlauf der Straße wird bis zur »Herborner Straße« gefolgt. An der »Herborner Straße« wird noch einmal links abgebogen. Gleich darauf steht man vor dem Kur- und Bürgerhaus. Die Distanz vom Bahnhof Hartenrod bis zum Kur- und Bürgerhaus beträgt 2,5 km.

Das etwa 21.000 Einwohner zählende Städtchen Herborn im mittleren Dilltal bildet gewissermaßen das Tor zum Westerwald – nicht zuletzt deshalb, weil die in ihren ältesten Teilen im romanischen Stil errichtete Stadtkirche als Mutterkirche des Hohen Westerwaldes angesehen werden muß. Neben dem Gesamtensemble der historischen Altstadt unter dem »Johannisberg« mit ihren zahlreichen, liebevoll restaurierten Fachwerkhäusern, verfügt Herborn über Gebäude von großer historischer Bedeutung. Hier sind neben dem noch heute erhaltenen gotischen Palas der im 14. Jahrhundert von den Grafen von Nassau errichteten Burg vor allem das städtische Rathaus und der Kollegbau der Herborner »Hohen Schule« zu nennen. Die Hohe Schule - 1584 von Johann von Oranien gegründet - umfasste von vornherein alle vier für die damaligen Universitäten üblichen Fakultäten, nur das Promotionsrecht fehlte ihr. Bereits um 1600 besaß sie in der reformierten Welt europäischen Ruf. 1817 ließ die nassauische Regierung den Lehrbetrieb bis auf die theologische Fakultät einstellen.

Wir starten vor dem Kur- und Bürgerhaus Bad Endbachs und biegen rechts in die »Herbornerstraße« ein, der in Richtung Günterod zu folgen ist.

Am Ortsausgang Bad Endbachs biegt man von der

»Herbornerstraße« links ab, zum Bad Endbacher Friedhof. Eine asphaltierte Straße führt an diesem vorbei und dann in sanfter Steigung auf der rechten Bachseite den Waldrand entlang talaufwärts. Am Fischweiher biegen wir rechts ab, um den Endebach zu kreuzen. Auf der anderen Bachseite folgen wir einem Weg mit wassergebundener Decke parallel zum Bach. Hier radeln wir bergan. Die Wegstrecke geht nun wieder in einen asphaltierten Wirtschaftsweg über und kreuzt einen Nebenbach des Endebaches. Von hier führt er sehr steil auf der linken Bachseite nach Günterod hinauf. Südwestlich der kirchengekrönten Kuppe stoßen wir auf die »Dorfstraße«, in die man links einbiegt. Um nun von Günterod zum Aartalsee zu gelangen, folgen wir der »Dorfstraße« und fahren immer bergauf. Ein kleines Wäldchen am Dorfausgang lassen wir auf der asphaltierten Straße rechts liegen. An einem Flurgehölz macht die Straße eine Linkskehre. In dieser Kehre zweigt rechts ein geschotterter Weg ab, der auf den Wald zu führt. Hier biegen wir ein. Am Waldrand angelangt, geht es nun rechts in einen Waldweg hinein, der den »Mellberg« (472 m ü. NN) umrundet. Bald trifft er auf einen Querweg, in den rechts einzubiegen ist. Auch an der nächsten Gabelung geht es wieder rechts ab. Wir finden an den Bäumen in regelmäßigen Abständen eine »AS«-Markierung – das »AS« steht für den Aarseewanderweg – der wir, immer durch den Bergwald radelnd, bis kurz vor Bischoffen folgen. Noch immer im Wald, endet unser Weg schließlich in einer T-Mündung. Hier biegen wir links ein, um nach etwa fünf Metern rechts abzuschwenken. Vor uns liegt eine etwa dreißig Meter lange, sehr steile Steigungsstrecke, an deren Ende der Weg in einen weiteren Querweg einmündet, an dem wir uns links halten. Nahezu hangparallel umrundet unser Weg den »Gieß« (376 m ü. NN), der sich bei Bischoffen über dem Aartal erhebt. Nachdem wir den Berg umrundet haben gelangen wir an die Bischoffener Schutzhütte. Die große Wasserfläche des Stausees unten im Tal blinkt und glitzert zwischen den Wipfeln der Bäume hindurch. Über den See hinweg können wir weit bis in das obere Aartal blicken. Wir verlassen den »Aarseeweg«, der nach links zum See hinabführt. Die Schotterstraße, der wir bislang folgten weicht einem Asphaltweg, der uns weiter nach Bischoffen führt. In zunächst sanftem Gefälle passiert der Weg eine Tennisanlage zu unserer Linken. Nun macht er einige Kehren und führt steil abwärts. Beim erreichen der ersten Häuser des Bischoffener Neubaugebietes ist Vorsicht geboten, denn eine quer zum Weg angelegte Bordsteinschwelle bildet bei zu hohem Tempo ein gefährliches Hindernis.

Am Rande Bischoffens biegen wir nun links in die »Wachtstraße« ein und folgen ihr bis zur Ecke »Königsberger Straße«. In diese wird rechts eingebogen. Mit großem Gefälle schießt die Wohnstraße steil abwärts. An ihrem Ende wenden wir uns nach rechts in die »Bergstraße«, folgen ihr einige Meter und schwenken alsdann links in einen hinabführenden Seitenweg ein, der uns zur »Kreuzstraße« führt. Wir biegen rechts in diese Straße ein und radeln hangparallel bis die »Günteroder Straße« – so heißt hier im Ortsinneren die L 3049 – erreicht wird. Wir schwenken links in die Landstraße ein. Sie führt am Talgrund des Siegbachtals am alten Ortskern Bischoffens vorbei und mündet nach wenigen Metern in die das Aartal erschließende B 255. Diese ist nun vorsichtig zu überqueren, um auf der gegenüber liegenden Seite rechts in den Aartalradweg einschwenken zu können, der hier neben der Bundesstraße die Siegbachbrücke überquert. Der gut ausgebaute Freizeitradweg ist mit einer großzügig gestalteten Beschilderung ausgestattet. Wir radeln nun durch den Aubereich der Aar, bis wir nach einigen hundert Metern den Fahrdamm der K 57 erreichen. Hier ist links einzubiegen. Wir passie-

Boote auf dem Aartalsee

ren ein Klärwerk zur Rechten und überqueren die Aar auf der Kreisstraße. Am Waldrand wenden wir uns rechts und folgen einem asphaltierten Weg, der uns weiter nach Offenbach führt. Nach etwa 300 m gelangen wir an eine Gabelung. Leider fehlt an dieser Stelle die Radweg-Beschilderung, doch wählen wir den linken Abzweig. Mit gelegentlich leichten Steigungen führt der Weg am Rande der Aaraue bis zum Offenbacher Bahnhof. Dieser liegt dem Ort gegenüber auf der anderen Aarseite. Mit der Entstehung des Bahnhofs hat sich um die Jahrhundertwende auch die Siedlungsbebauung Offenbachs über die Aar ausgebreitet. Vor allem Gewerbebetriebe nutzten den Standortvorteil der Bahnlinie. Auch heute noch befinden sich längs des Gleiskörpers Speditionen und holzverarbeitende Betriebe. Wir lassen den Bahnhof zu unserer Rechten liegen, und folgen dem Radweg, der nun immer neben der Bahnlinie verläuft.

Schon in Sichtweite von Bicken – dem Gemeindesitz der Gemeinde Mittenaar – kreuzt der Weg das Bahngleis und führt dann unterhalb des Schotterkörpers als »Kreuzweide« nach Bicken hinein.

Der Ursprung des Ortes **Bicken** ist auf dem gegenüberliegenden Ufer der Aar zu suchen. Im Mündungsbereich des Weibachs in die Aar besaßen während des Mittelalters die Ritter von Bicken eine Wasserburg, an die im alten Ortskern allerdings nur noch der Straßenname »Burggraben« erinnert. Die Herren von Bicken, beherrschten zusammen mit den Dernbacher Rittern über lange Zeit die Herborner Mark. Bevor sie wie ihre Nachbarn die Dernbacher schließlich von den Nassauischen Landgrafen vertrieben wurden.

Die »Kreuzweide« stößt alsbald auf die »Leipziger Straße«. Wir folgen der Straße unter der Eisenbahnbrücke hindurch, bis wir rechts in die »Berliner Straße« einbiegen. Dem Verlauf der »Berliner Straße« ist zu folgen. Dort wo die Straße sich in ihrem Verlauf an die Bahnlinie anlehnt, geht sie in die »Schulstraße« über. An dieser Straße liegt zwischen den Ortsteilen Ballersbach und Bicken, die Mittelpunktschule der Gemeinde Mittenaar. Wir passieren die Schule und gelangen dann auf dem »Bicker Weg« an den Ortsrand von Ballersbach. Dem »Bicker Weg« ist nun bis zu seinem Ende zu folgen. Dort stoßen wir auf die kleinen Gäßchen des alten Ortskerns von Ballersbach. Nun wenden wir uns nach links und schwenken darauf gleich wieder rechts in den »Hohlen Weg« ein. Hier radeln wir aufwärts bis nach wenigen Metern eine weitere Gasse » In den Höfen« links abzweigt. »In den Höfen« findet sich eine kleine Kunstgießerei die durchaus einen Besuch Wert ist.

Kunstguß aus Ballersbach
In der Kunstgießerei Werner in Bellersdorf kann man nach Voranmeldung in kleinen Gruppen eine Betriebsbesichtigung vornehmen. In Künstlerkreisen ist längst bekannt, daß der Guß künstlerischer Modelle zu Bronzeplastiken bei Gießermeister Raimund Werner und seinem Mitarbeiter in besten Händen liegt. Daneben wird in der Kunstgießerei Werner aber auch hochwertiges Kunsthandwerk für den sakralen wie weltlichen Bedarf hergestellt.
Öffnungszeiten: Nach Vereinbarung
Kontakt: Raimund Werner, In den Höfen 4, Tel.: 02772/62684

Nach einem Besuch bei Herrn Werner wenden wir uns zurück zum Radweg nach Herborn. Zunächst geht es wieder den »Hohler Weg« hinab bis zu einer platzartigen Erweiterung. Hier ist in die Straße »Am Scheidt« einzuschwenken. Wir folgen dem kurzen Sträßchen, das alsbald in die »Industriestraße« übergeht. Diese führt uns wieder aus Ballersbach hinaus. Oberhalb der Bahnlinie führt uns das Asphaltsträßchen einige Hundert Meter

weiter nach Westen. Dann knickt der Weg rechts ab. Er
überspringt die Bahnstrecke, dann einen Mühlgraben und
führt hinab in die Aaraue. Dort setzt er über das Flüßchen
und mündet schließlich in die Bundestraße. Dort angelangt biegen wir links in den die Autostraße begleitenden
Radweg ein. Nach gut 250 m zweigt am Ortsrand von
Seelbach erneut ein Weg rechts von der Bundestraße ab.
Er führt uns zur Walzenmühle am jenseitigen Aarufer.
Hinter der Aarbrücke halten wir uns links und folgen einem geschotterten Feldweg weiter Aarabwärts. Auf der
uns gegenübergelegenen Talseite erstreckt sich der Herborner Stadtteil Seelbach. Nach mehreren hundert Metern stoßen wir auf eine Asphaltstraße in die rechts einzubiegen ist. Gleich darauf schwenken wir hinter den
Gebäuden einer Autoverwertungsfirma links ein.

Bei dem Gelände des Autoverwerters, handelt es sich –
der Anblick läßt es kaum vermuten – um geschichtsträch-
tigen Boden. Denn wo jetzt grafityverzierte Mauern den
Schrottplatz einhegen, befand sich einst ein kleiner Hügel
in der feuchten Au, den der Volksmund Der »**Burzel**«
nannte. Dieser galt als die einzige sichtbare Erinnerung an
die Wasserburg der Herren von Dernbach. Die Reste der
Burg, die noch bis zum Ende des 18. Jahrhunderts vor-
handen waren wurden zum Teil für den Bau der hinter
uns befindlichen Aarbrücke verwendet. Die Gräben wurden mit dem Erdreich des Burghügels zugeschüttet und
eingeebnet. Vermutlich galt die Burg nur als Zufluchts-
stätte für die Bewohner eines in der Nähe gelegenen großen Bauernhofes, der wohl als eigentlicher Stammsitz der
Herren von Dernbach anzusehen ist.
Nun folgen wir dem Weg, der uns durch die sehr feuchten, kaum noch genutzten Auwiesen im Mündungsbereich der Aar in die Dill führt. Zu Füßen der Pfeiler der
talüberspannenden Brücke der B 277, die das Dilltal er-

schließt, knickt der Weg rechts ab und führt erneut über die Aar zur B 255. Hier befindet sich eine Fußgängerampel auf der wir die Bundestraße überqueren, um auf der anderen Straßenseite in ein Gäßchen einzuschwenken, daß zwischen dem eingehegten Parkplatz der Junowerke und dem Damm der B 255 hindurchführt. Wir umfahren den ganzen Parkplatz und gelangen an seinem jenseitigen Ende an die Bahnlinie Herborn – Dillenburg. Hier steigen wir ab und schieben unser Rad die Treppe einer Fußgängerunterführung hinab. Jenseits der Bahn tauchen wir wieder in die Oberwelt auf und stehen vor dem Bahnhof. Nun überqueren wir die Dill und folgen der »Junostraße«. Auch der Amdorfbach, der in schnellem Fluß aus dem Westerwald herunterschnellt wird überquert. Von hier an können wir bis in die Herborner Altstadt der Beschilderung des hessischen Fernradweges R 8 folgen. So überqueren wir die »Scheidtstraße« und folgen dann der »Burger Hauptstraße«. Am Rande der Herborner Altstadt gelangen wir an einen Kreisverkehr, fädeln uns in den fließenden Verkehr ein und biegen jenseits des Kreisels in die »Turmstraße« ein. Nun befinden wir uns in der Fußgängerzone Herborns. Wir steigen vom Rad und schieben es die Straße hinunter, Bis wir den Marktplatz erreichen. Hier befindet sich auch das historische Rathaus mit dem Städtischen Verkehrsamt. Dort lassen sich weitere Informationen und wissenswertes aus Herborns Vergangenheit und Gegenwart erfahren.

Kontakt: Städtisches Verkehrsamt Herborn, Rathaus, 35745 Herborn, Tel.: 02772/708-223

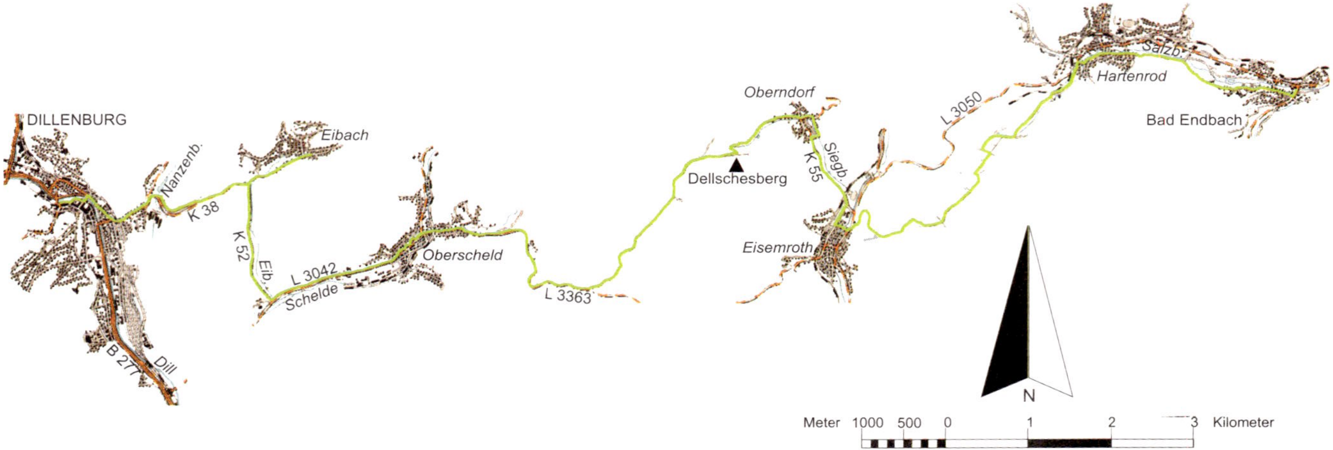
DILLENBURG
Eibach
Nanzenb.
K 38
K 52
Eib.
L 3042
Schelde
Oberscheld
L 3363
Dellschesberg
Oberndorf
K 55
Siegb.
Eisemroth
L 3050
Salzb.
Hartenrod
Bad Endbach
B 277
Dill
N
Meter 1000 500 0 1 2 3 Kilometer

10. Durch den Schelderwald in die Oranierstadt Dillenburg

Bad Endbach – Hartenrod – Eisemroth – Oberndorf – Oberscheld – Eibach – Dillenburg

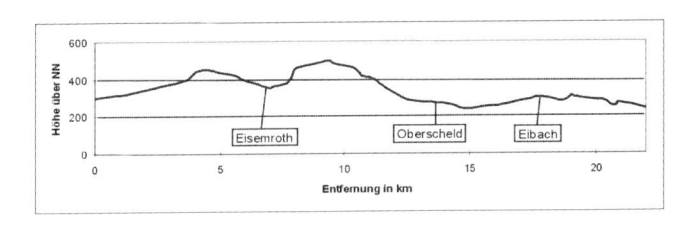

Ausgangspunkt: Kurhaus Bad Endbach
Endpunkt: Tourismus-Information Dillenburg
Distanz: ca. 22 km
Bewertung: mittel

Hinweise: Die tief eingeschnittenen Täler und kuppigen Höhen des Schelderwaldes machen es in diesem Gebiet schwerer als anderswo, eine Streckenführung abseits der vom Autoverkehr genutzten Straßen zu erkunden. Doch sind die Land- und Kreisstraßen zumindest in den engen Tälern zumeist von Radwegen begleitet. Das unruhige Relief macht die Überwindung zahlreicher Steigungsstrecken unvermeidlich.

Rückkehr zum Ausgangspunkt: Den Rückweg tritt man mit der Deutschen Bahn an. Vom Dillenburger Bahnhof aus fährt man nach Herborn. Hier wird in den Nahverkehrszug nach Bad Endbach-Hartenrod umgestiegen.

Über den Weg von der Innenstadt zum Bahnhof geben die Angestellten des Verkehrsamtes Dillenburg gerne Auskunft. Die günstigsten und aktuellen Verbindungen lassen sich ebenfalls hier oder schon bei der Kurverwaltung Bad Endbach erfragen. (Vom Hartenröder Bahnhof nach Bad Endbach siehe »Aartalroute«).

Diese Route führt uns weit über die westlichen Grenzen des Amtes Blankenstein. Wir gelangen in ein Bergland, das zwischen 1303 und 1742 die Grafschaft Dillenburg bildete. Noch mehr als das hessische Hinterland war diese nassauische Grafschaft durch den Bergbau geprägt. Auf dem Weg durch den Schelderwald nach Dillenburg radeln wir durch Dörfer, in denen der Bergmannsberuf seit dem 18. Jahrhundert bis in die 60er Jahre des 20. Jahrhunderts der Traditionsberuf vieler Familien war. Doch war es auch hier selbstverständlich, daß die Bergmannsfamilien – insbesondere die Frauen – nebenher der Landwirtschaft nachgingen, um auch in Notzeiten wirtschaftlich gesichert zu sein. Zahlreiche Relikte des Bergbaus bilden in der Landschaft stumme Zeugen der montanindustriellen Tradition des Schelderwaldes.

Das Fachwerkstädtchen Dillenburg – Ziel unserer Tour – schmückt sich stolz mit dem Attribut »Oranierstadt«. Denn die Residenzstadt der Grafschaft Nassau-Dillenburg, die mit dem Bau der Kasematten im 16. Jahrhundert zu einer imposanten Festung ausgebaut wurde, ist die Urheimat des niederländischen Königsgeschlechts der Oranier. 1533 wurde in Dillenburg Wilhelm von Oranien geboren. Er soll 1568 in Dillenburg unter der Wilhelmslinde die niederländische Gesandtschaft empfangen haben, die ihn zum Führer im Kampf gegen das katholische Spanien machte. Von den Niederländern wird er deshalb als Stammvater ihres Königshauses verehrt.

Vor dem Kur- und Bürgerhaus biegen wir rechts in die »Herborner Straße«. Schon nach wenigen Metern zweigt rechts der »Kirchweg« ab. Er geht in die Straße »Am Kurpark« über. Wir folgen der Straße, die wiederum in die »Sebastian Kneipp Straße« übergeht. Von dieser zweigt schließlich die »Teichstraße« rechts ab. Beim Kurheim »Heckenmühle« endet der asphaltierte Fahrweg. Über etwa 300 m führt uns der Weg auf wassergebundener Unterlage am schattigen Waldrand dem Verlauf der Salzböde entlang. Bei einem Linksabzweig geht es auf asphaltiertem Wege weiter, der weiterhin parallel zum Bach eine kurze Steigung überwindet.

Wir erreichen den östlichen Rand Hartenrods. Man folgt dem Verlauf der »Poststraße«. Bald geht diese in die »Gründelingstraße« über, die schließlich auf den »Wetzlarer Weg« stößt. In diesen ist rechts einzubiegen. Nach wenigen Metern gelangen wir an die »Hauptstraße«. So heißt hier die L 3050. In diese wird links eingebogen. Bergauf verlassen wir Hartenrod auf der L 3050. Am Dorfausgang biegen wir vor der Eisenbahnunterführung halb links ab Richtung Skilift. Zu unserer Rechten begleitet uns nun der hoch aufgeschüttete Bahndamm, zu unserer Linken fließt die Salzböde talwärts.

Bald kreuzt der Weg den Bach, um sich schließlich zu teilen. Wir folgen dem asphaltierten Weg rechts, weiterhin den Bachgraben hinauffahrend. Bald ist der künstlich geschaffene Quellteich eines der beiden Salzbödequellarme erreicht. Hier macht der Weg eine Rechtskehre. Wir fahren, oder besser schieben, nun unser Rad über den von der Kehre steil nach oben führenden Wiesenweg. Nach ca. 100 m stoßen wir wieder auf eine mit Schottern befestigte Fahrbahn. Eine Bank neben einer jungen Birke lädt zur Pause ein.

Zwischen Äckern geht es nun auf den Fichtenhochwald zu, der während der Pause in unserem Rücken lag. Nach etwa 50 m biegt der Weg scharf links ab. Bei nächster Gelegenheit biegen wir, noch bevor unser Weg in den Fichtenhochwald eintaucht, rechts in einen Wiesenweg ein, auf dem wir gemächlich von der Wasserscheide hinab in das Gewässersystem der Dill rollen. An seinem Ende stoßen wir auf einen anfangs nur mit sehr groben Schottern befestigten Weg, der bald in den Fichtenforst eintaucht.

Dem aufmerksamem Beobachter fällt im Lahn-Dill-Kreis eine Tatsache deutlicher als anderswo ins Auge, die aber für die Mittelgebirgslandwirtschaft insgesamt Gültigkeit hat: Es handelt sich um das Phänomen der **Sozialbrache**. So finden sich zu unserer Rechten zwar zunächst Äcker auf der wenig geneigten Rumpfterrassenstufe, das stärker geneigte Gelände zur Linken jedoch fällt, einst als Weidefläche genutzt, allmählich der Verbuschung anheim.

Der Begriff Sozialbrache beschreibt den Rückgang der landwirtschaftlichen Aktivität in Bereichen, die schon von jeher nur mit großem Aufwand zu nutzen waren oder nur geringe Erträge abwarfen. Noch häufiger als in anderen Regionen des rauhen und kargen Berglandes zwischen Lahn und Dill hatten die Nebenerwerbsbauern des Schelderwaldes als Folge des wirtschaftlichen Wohlstandes nach dem Kriege die harte Arbeit des Bergbauern aufgegeben. Leider geht mit der Verbesserung der Lebensbedingungen für den Menschen aber der Verlust der gewachsenen Kulturlandschaft mit ihrer ausgeprägten ökologischen Artenvielfalt und ihrem abwechslungsreichen Landschaftsbild einher.

Bald wird die Landschaft wieder offener. Wir nähern uns Eisemroth. Der sich seit der Wasserscheide in vielen sanften Kehren hinabwendende Schotterweg geht inmitten wenig geneigter Ackerflächen auf einer Terrassenstufe oberhalb des Dorfes in ein asphaltiertes Band über, das durch einen kleinen Graben hinabführt und in dem ehemaligen Bergarbeiterdorf Eisemroth auf die Landstraße stößt.

Bereits der Ortsname **Eisemroth** weist darauf hin, daß schon zur Gründungszeit des Ortes der Erzbergbau von Bedeutung war. Bis in die zweite Hälfte unseres Jahrhunderts war das Dorf im Siegbachtal ein reines Bergarbeiterdorf, die Landwirtschaft galt in dem kargen Bergland nur als ein Nebenerwerb der Familien.

Am Ortseingang auf der Talsohle angelangt, stoßen wir auf die L 3050, in die links einzubiegen ist, um sie sofort wieder rechts in die »Querstraße« einschwenkend zu verlassen. Zwischen den Häusern hindurchradelnd überqueren wir den Siegbach und biegen schließlich, dem Hinweisschild nach Oberndorf folgend, rechts ab.

Wir schwenken links in die Kreisstraße ein. Aufwärtsfahrend kreuzen wir den Bahndamm der Aartalbahn und folgen dann dem parallel zur Straße führenden Radweg nach Oberndorf. In der Neubausiedlung am südlichen Ortseingang biegen wir sobald als möglich links ab und radeln nun, die Kreisstraße in Ortslage kreuzend, in steilem Anstieg in mehreren Kurven vorbei am Schützenhaus hinauf auf den Kamm des »Deilschesberges«. Von hier wird uns mit Blick nach Norden eine imposante Aussicht auf Tringenstein mit dem Sendemast der Angelburg im Hintergrund geboten.

Auf der **Höhe des Schelderwaldes** erschließt sich dem Auge ein von Eschen, Mehlbeerbäumen und knorrigen Kirschbäumen gesäumter Schotterweg, der durch eine von einzelnen Büschen und Bäumen gegliederte Hochheidefläche führt. Große Hutebäume belegen eine über Jahrhunderte unveränderte Bewirtschaftung. Die mageren Schafweiden der parkähnlichen kuppigen Mittelgebirgslandschaft zeichnen sich durch einen überraschenden Artenreichtum aus, der besonders im Frühling durch einen überwältigenden Blütenreichtum ins Auge fällt. Der würzige Duft des Feldthymians läßt das Durchstreifen der Höhe im Hochsommer zu einem sinnlichen Erlebnis werden.

Das Hinweisschild auf die Oberndorfer Schutzhütte dient uns zur Orientierung, bis wir die auf die Angelburg zuführende »Hohe Straße« erreichen. Jetzt wird links abgebogen. Auf dem annähernd von Nord nach Süd verlaufenden Höhenkamm folgen wir dem Verlauf der mittelalterlichen Straße in südlicher Richtung. Zeitweise wird der Weg durch Pappeln gesäumt. Schließlich gelangen wir in das durch mehrere Gruben ausgebeutete Erzgrubenfeld der »Eisernen Hand«.

Das Erzfeld »**Eiserne Hand**« war über Jahrzehnte ein verwirrender Komplex aus untereinander verbundenen Tagebauen und Gruben, Grubengebäuden und Abraumhalden, Transportseilbahnen und Schienensträngen.
    Links der Höhenstraße fallen auch heute die Reste des einst größten hessischen Tagebaus ins Auge. Die Tagebaulöcher der Grube »Auguststollen« werden inzwischen als Mülldeponie genutzt. Im bewaldeten Gelände rechts und links des Weges finden sich unzählige Reste weiterer alter Tagebaue und Halden.

Schließlich stoßen wir auf die asphaltierte Zufahrtsstraße der Deponie. Auch sie folgt dem Verlauf der Höhenstraße. Auf der Deponiestraße rollen wir über den dichtbewaldeten Höhenrücken abwärts bis zur Kreuzung an der L 3363. Es ist rechts abzubiegen. Den KFZ-Verkehr beachtend, rollen wir rasch die großzügigen Kehren auf der Landstraße nach Oberscheld im Scheldetal hinab.

Das ca. 2.500 Einwohner zählende **Oberscheld** bildete für lange Zeit das Zentrum des Bergbaus und der Erzverarbeitung im Revier des Schelderwaldes. Schon im 15. Jahrhundert existierten hier Eisenhütten. Doch ist die bescheidene Fachwerkkirche von 1692 – an der Schelde-Lahn-Straße gelegen – Beleg dafür, daß wohl nur wenige der im Bergbau und der Verhüttung produzierten Reichtümer im Tal der Schelde verblieben sind.

Im »Kirchweg« im Zentrum des Dorfes finden sich noch viele der im Fachwerkbau errichteten Bergarbeiterhäuschen. Die oft schon sehr alten, jedoch vielfach umgebauten Häuser weisen, abgesehen von den Kleintierställen in den Erdgeschossen, in denen die »Bergmannskuh« – die Ziege – gehalten wurde, keinen Hinweis auf landwirtschaftliche Betätigung auf.

Der Fleiß der Oberschelder Bergleute, aber auch die von den Härten des Lebens im Bergbau geprägte Derbheit, wurde vor langer Zeit zum Thema sagenhafter Überlieferungen. So erzählt man sich die folgende **Geschichte vom goldenen Spinnrad**: Im Heunstein – einem Berg nördlich von Dillenburg, auf dessen Kuppe sich die Reste einer keltischen Ringburg finden – ruhen tief im Berg vergraben bis heute reiche Schätze, darunter auch ein goldenes Spinnrad. Ein Oberschelder Bergmann hatte es schon einmal fast vollständig freigelegt. Nur ein starker Felsbrocken hinderte ihn noch. Aber trotz aller Mühe und Plage wollte der Stein nicht weichen. Mit letzter Mühe fluchte der Mann »Du Mißgeburt!« und alsbald verschwand das Spinnrad wieder in der Tiefe.
Bei so sagenhafter Derbheit kam es nicht von ungefähr, daß eine Bergordnung aus dem Jahre 1815 dem Bergmann für jeden Fluch sechs Kreuzer Strafe auferlegte.

Im Ortskern stoßen wir auf die »Schelde-Lahn-Straße«, in die wir talabwärts fahrend links einbiegen. Nach einigen Metern ist rechts in den parallel zur Landstraße führenden »Kirchweg« einzubiegen. Der »Kirchweg« verläßt hinter der Fachwerkkirche die »Schelde-Lahn-Straße«, stößt nach einer Kehre zwischen den verwinkelten Häuschen wieder auf diese, um sie darauf gleich wieder zu verlassen. Nun windet er sich erneut zwischen Häusern hindurch. Kurz vor dem Ortsausgang endet er endgültig in der Schelde-Lahn-Straße.

Auf dem direkt neben der L 3042 angelegten Radweg radeln wir nun Scheldeabwärts, bis wir an die Einmündung des Eibachtals in das Scheldetal gelangen. Hier wird rechts in die nach Eibach führende K 52 eingebogen. Auf der Straße durch das schmale Tal radeln wir an der »Neuen Mühle« vorbei talaufwärts.

Die K 52 stößt schließlich auf die K 38, die uns rechts nach Eibach, links nach Dillenburg führt. Doch wollen wir diese Straße zunächst nur überqueren, um einem Gebäude auf der gegenüberliegenden Straßenseite einen Besuch abzustatten.

Hier wurde die **Eibacher Natrium-Chloridquelle** gefaßt und großzügig überdacht. Das salzhaltige Tiefenwasser, das hier gezapft werden kann, hat vor allem bei Erkrankungen der oberen Atemwege und Bronchitis, aber auch bei Magen-Darm-Beschwerden lindernde und heilende Wirkung. Die kochsalzhaltigen Quellen im hessischen Schiefergebirge beschränken sich auf einen schmalen Streifen, der sich von Wiesbaden in nördlicher Richtung über Niederselters und Löhnberg bis in das obere Dilltal (Eibach, Wissenbach) erstreckt. Eine Nebenlinie zweigt bei Wetzlar von diesem Hauptstrom ab, um sich schließlich aber ebenfalls nach Norden zu wenden. Die Quellen bei Lohra werden von diesem Nebenzweig gespeist.

Folgen wir nun der K 38 in das Bergmannsdörfchen Eibach hinein. In diesem am Ende der K 32 gelegenen ruhigen Sackgassendorf läßt sich vielleicht noch deutlicher als in Oberscheld nachempfinden, wie die Bergarbeiterfamilien im Schelderwald lebten.

Im Unterschied etwa zum Bergbau im Ruhrgebiet war der Erzbergbau im Lahn-Dill-Bergland kaum auf den Zuzug fremder Arbeiter angewiesen. Das bedeutete, daß gewachsene dörfliche Wohnstrukturen weitgehend intakt blieben. **Im Schelderwald lebten Arbeiterbauern**. Bis in die Zeit nach dem Zweiten Weltkrieg blieb der Eisenerzbergmann Nebenerwerbslandwirt.

Die Bergmannshäuser unterteilten sich in einen vorderen Wohnbereich mit verputztem Fachwerk, während der hintere Teil des kleinen Einhauses als Stall diente. Die Bergmannsfrau hatte vielfältige Aufgaben zu erfüllen: Führung des Haushalts, Erziehung der Kinder und Versorgung der kleinen Landwirtschaft während der Abwesenheit des Mannes; insgesamt ruhten auf den Frauen schwerste Belastungen. Noch zu Beginn des Jahrhunderts ging die Tendenz zur Selbstversorgung so weit, daß nicht nur Ackerbau und Viehzucht betrieben und das Brot im dorfeigenen Backhaus selbst gebacken wurde, sondern die Bergmannsfrauen selbst die Waschlauge zum Reinigen der Grubenkleidung aus Buchenasche herstellten. Erst in den 50er Jahren fand die Klein-Landwirtschaft ihr Ende. Waren noch zu Beginn des Jahrzehnts fast alle landwirtschaftlichen Flächen genutzt, lagen in Oberscheld schon 1955 30 % der Flächen brach.

Nach unserem kleinen Abstecher nach Eibach fahren wir auf dem Radweg zurück bis zum Mineralbrunnen und überqueren auf der K 38 einen Bergriegel, der das Eibachtal vom Nanzenbachtal trennt. Wir rollen auf dem

Blick vom Wilhelmsturm auf Dillenburg

Radweg abwärts an der Isabellenhütte vorbei. Dann lassen wir einen Weiher rechts liegen und stoßen schließlich in der Nanzenbachaue wieder direkt auf die K 38, auf der wir in einer Linkskehre nach kurzem, doch jähem Anstieg den Stadtrand Dillenburgs erreichen.

Durch die von alten Häusern begleitete »Lindenallee« rollt man hinab bis zur Bahnlinie, die von einer Brücke überspannt wird. Hinter der Brücke wird rechts in die »Hindenburgstraße« eingebogen. Dieser wird gefolgt bis man sich links Richtung Zentrum einordnet. Nun überquert man die Dill. Hinter der Brücke ist rechts in die »Rathausstraße« einzubiegen. Hier folgt man den Schildern des R 8 – ein überregionaler Radweg, der das Dill-Tal erschließt. Am Ende der »Hintergasse« stößt der R 8 auf die »Marbachstraße«. Nun liegt zu unserer Linken an der Ecke »Violinengasse«/»Marbachstraße« die Tourist-Information Dillenburg.

Es empfiehlt sich, hier das Rad abzustellen, in der Information Erkundungen über die Sehenswürdigkeiten

der Stadt einzuholen und danach zu einer Mahlzeit in einer der Gaststätten der Dillenburger Altstadt zu Füßen des Schlosses einzukehren.
Kontakte: Verkehrsamt der Stadt Dillenburg, Hauptstr. 19; 35683 Dillenburg, Tel.: 02771/802-10

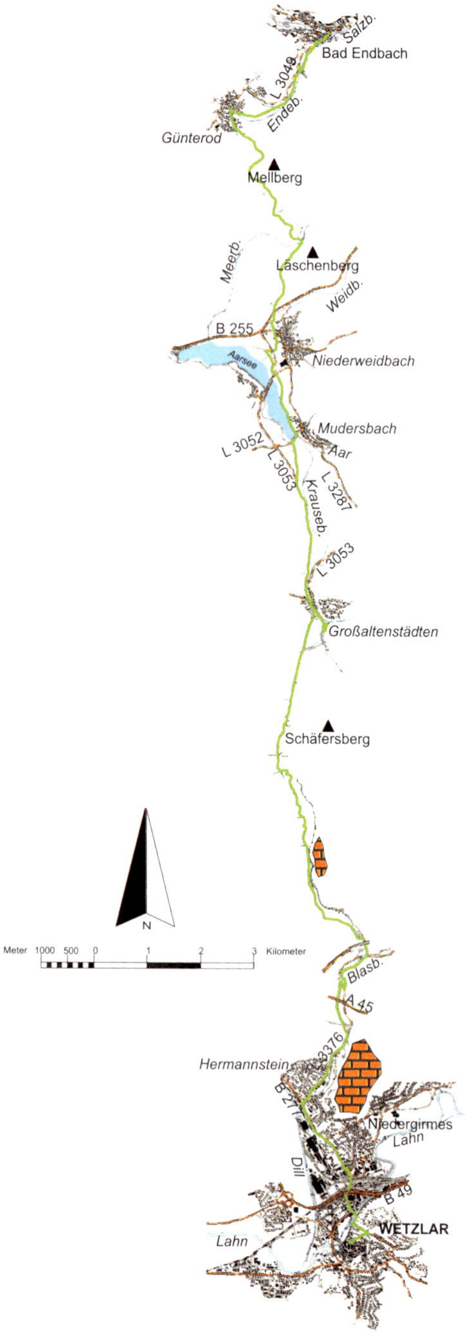

Salzb.
Bad Endbach
L 3049
Endeb.
Günterod
Mellberg
Meerb.
Läschenberg
Weidb.
B 255
Aarsee
Niederweidbach
Mudersbach
L 3052
Aar
L 3053
L 3287
Krauseb.
L 3053
Großaltenstädten
Schäfersberg
N
Meter 1000 500 0 1 2 3 Kilometer
Blasb.
A 45
L 3376
Hermannstein
B 277
Niedergirmes
Lahn
Dill
B 49
WETZLAR
Lahn

11. Durch's Hohensolmser Land in die alte Reichsstadt Wetzlar

Bad Endbach – Günterod – Niederweidbach – Mudersbach – Großaltenstädten – Hermannstein – Niedergirmes – Wetzlar

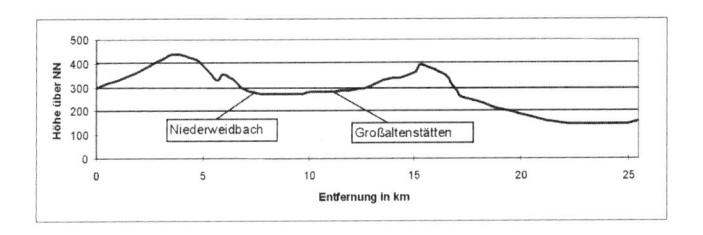

Ausgangspunkt: Kur- und Bürgerhaus Bad Endbach
Endpunkt: Verkehrsamt der Stadt Wetzlar
Distanz: ca. 26 km
Bewertung: leicht bis mittel

Hinweise: Sowohl von der Länge als auch von der Steigung her weist die Route keinen erhöhten Schwierigkeitsgrad auf. Führt der Weg größtenteils über Land- und Forstwege bzw. sehr verkehrsarme Landstraßenabschnitte, so läßt sich auf den letzten drei Kilometern von Hermannstein nach Wetzlar die Streckenführung entlang der sehr radfahrerfeindlichen B 277 mangels Alternativen leider nicht vermeiden.

Rückkehr zum Ausgangspunkt: Zurück reist man am besten mit der Deutschen Bahn. Vom Bahnhof Wetzlar aus fährt man nach Herborn. Hier wird in den

Nahverkehrszug nach Bad Endbach-Hartenrod umgestiegen.

Über den Weg von der Innenstadt zum Bahnhof geben die Angestellten der Wetzlarer Tourist-Information gerne Auskunft. Die günstigsten und aktuellen Verbindungen lassen sich ebenfalls hier, oder schon bei der Kurverwaltung Bad Endbach erfragen. (Vom Hartenröder Bahnhof nach Bad Endbach siehe »Aartalroute«).

Auf unserem Weg nach Wetzlar durchradeln wir das fruchtbare Quellgebiet der Aar, das sich uns als ein sanftwelliges Hügelland mit zahlreichen Bächlein präsentiert. Inmitten eines bunten Wechsels von Wiesen und Äckern finden sich einige kleine, beschaulich-ländliche Dörfchen. Im Westen, Süden und Osten wird diese Hügellandschaft von Waldgebirgen in Höhenlagen zwischen 350-500 m über NN begrenzt. Der offene Landstrich wird durch die Höhenburg Hohensolms beherrscht. Das heute dem Lahn-Dill-Kreis zugeordnete winzige »Hohensolmser Land« ist ein Relikt der zersplitterten und deshalb so komplizierten Territorialgeschichte des Lahn-Dill-Berglandes.

Unser Ziel, die Stadt Wetzlar im Lahntal, ist in der Gegenwart nicht nur die Kreisstadt des Lahn-Dill-Kreises. Die Stadt blickt auf eine stolze Vergangenheit zurück, in der sie gegenüber vielen anderen Städten der Region eine Sonderrolle einnahm. Wetzlar war vom 12. Jahrhundert bis in die Zeit Napoleons freie Reichsstadt. Der besondere Status machte sie bis zum 14. Jahrhundert zu einer der bedeutendsten Städte des Deutschen Reiches. Auch die strategische Lage am Lahnübergang der wichtigen Nord-Süd-Handelsstraße von Frankfurt über Köln in die Niederlande begründete ihre Bedeutung. Mit dem Anbruch der Neuzeit büßte Wetzlar seine wirtschaftliche und strategische Rolle weitgehend ein. Ohne eigenes Hinterland war es den Launen der zahlreichen benachbarten Territorialherren ausgeliefert. Da Wetzlar aber zwischen 1693 und 1806 den Sitz des Reichskammergerichtes beherbergte, vermochte es seine Unab-

hängigkeit noch bis zur Angliederung an das preußische Königreich zu verteidigen.

Dem Reichskammergericht hatte die Stadt auch zu verdanken, daß der junge Goethe hier 1772 sein Praktikum absolvierte. In dem Briefroman »Die Leiden des jungen Werthers« verarbeitete der junge Dichter seine Erlebnisse in Wetzlar zu einem ersten literarischen Erfolg.

Vom Kur- und Bürgerhaus Bad Endbachs biegen wir rechts in die »Herborner Straße« ein, der wir in Richtung Günterod folgen.

Am Ortsausgang Bad Endbachs biegt man ab und folgt dem Schild zum neuen Bad Endbacher Friedhof. Eine asphaltierte Straße führt an diesem vorbei und wendet sich dann in sanfter Steigung talaufwärts. Am Fischweiher biegen wir rechts ab, um den Endebach zu kreuzen. Auf der anderen Bachseite folgen wir einem Weg mit wassergebundener Decke parallel zum Bach durch den Wiesengrund aufwärts. Die Wegstrecke geht bald wieder in einen asphaltierten Wirtschaftsweg über und kreuzt einen Nebenbach des Endebaches. Von hier führt er sehr steil auf der linken Bachseite hinauf nach Günterod. Südwestlich der kirchengekrönten Kuppe stößt der Weg auf die »Dorfstraße«, in die man links einbiegt.

Wir folgen der »Dorfstraße« bergauf. Schließlich macht die Straße oberhalb des Dorfes eine Linkskehre. In dieser Kehre zweigt rechts ein geschotterter Weg ab, der auf den Wald zuführt. Hier schwenken wir ein. Am Waldrand angelangt geht es nun rechts in einen Waldweg hinein, der annähernd hangparallel den »Mellberg« (472 m ü. NN) umrundet. Bald trifft er auf einen Querweg, in den rechts einzubiegen ist. Nur wenige Meter weiter wählen wir an einer Gabel den linken Abzweig.

Vom Mellberg aus rollen wir nun über einen Sporn bergab bis zum Grund des als Wasserschutzgebiet ausgewiesenen Meerbaches. Nun überqueren wir den von Wiesen gesäumten Meerbach und stoßen auf einen Asphaltweg. Dieser führt uns auf den langgestreckten Rücken des »Läschenberges« hinauf. Nachdem wir die Höhe überschritten haben, tritt der Weg ins Niederweidbacher Oberfeld hinaus, bevor wir auf die B 255 stoßen. An der übersichtlichen Stelle überqueren wir vorsichtig die Ausbaustrecke der Bundesstraße und gelangen hinab in die Aue des Weidbaches. Unterhalb eines breiten, in das Weidbachtal vorspringenden Bergrückens wird sie überquert. Auf dem Bergrücken erstreckt sich das alte Haufendorf Niederweidbach.

Niederweidbach blickt auf eine bewegte Geschichte als mittelalterlicher Wallfahrtsort zurück. Heute übernimmt das Dorf zentrale Funktionen innerhalb der Großgemeinde Bischoffen.

Am Weidbach entlang fahren wir bis an den Ortsrand. Dort vertrauen wir uns der grün-weißen Beschilderung des Aartalradweges an. Sie führt uns am Westrand des Dorfes vorbei, die Unterführung unter der L 3053 hindurch, an den Rundweg um den Aartalsee. Rechter Hand in Richtung Bischoffen erreicht man nach wenigen hundert Metern das Aartalsee-Strandbad. Bei warmer Witterung bietet es sich an, einen kurzen Abstecher für ein erfrischendes Bad einzulegen. Aber unser Weg führt uns, der Beschilderung nach Ahrdt folgend, nach links.

Kurz hinter den Gebäuden des Surfclubs Niederweidbach stößt der Weg auf die L 3053. Sie ist zu überqueren, um dann rechts in einen kombinierten Rad- und Fußweg einzuschwenken. Dieser führt am Ufer der unter Naturschutz stehenden Vorsperre auf Mudersbach zu.

Mudersbach ist ein Ortsteil der Großgemeinde Hohenahr. Bis in die jüngere Vergangenheit hinein waren die Dörfer der Gemeinde landwirtschaftlich strukturiert. Landschaft und Siedlungen legen hiervon auch heute noch beredtes Zeugnis ab.

Bei Mudersbach gelangen wir auf einen Damm, der den Ort vor den Hochwassern des Sees abschirmt. Von der erhöhten Dammkrone bietet sich Vogelkennern die Gelegenheit zur Beobachtung. Auf den vielen Inseln des künstlich geschaffenen Biotops haben mehr als 50 Vogelarten ihren ständigen oder zeitweiligen Lebensraum gefunden.

Am oberen Ende des Sees stoßen wir schließlich auf die L 3052. Wir ignorieren den Radweg, der zwischen Straße und Seeufer entlangführt, und schwenken rechts ab auf die Fahrbahn. Alsbald wird die Aarbrücke überquert. Nun kreuzen wir die Straße, um in einen Asphaltweg einzuschwenken. Dieser entpuppt sich als Rückbaustrecke einer alten Landstraße, die aartalaufwärts führt. Nach ca. 500 m endet die Asphalttrasse, um sich scheinbar in den Äckern zu verlieren. Ein etwa 20 m langer Fußpfad schafft eine Verbindung zur L 3053. Wir überqueren die Fahrbahn und wenden uns weiterhin talaufwärts. Bald erblicken wir zu unserer Linken die das offene Land beherrschende Höhenburg Hohensolms. Niedrigere, bewaldete Hügelkuppen rahmen den Blick auf die Burg ein.

Am Rande der feuchten Bachaue bringt uns die schmale, kurvenreiche Landstraße an den Ortsrand von Großaltenstädten. Hier wählen wir, in einen asphaltierten Landwirtschaftsweg einbiegend, zunächst die Dorfkirche als Orientierungspunkt.

Die auf einem Steilhang über dem Aartal errichtete spätromanische, weißverputzte Kirche ist eines der kulturhistorisch wertvollen Gebäude von **Großaltenstädten**. Daneben lohnt aber auch das im Jahre 1579 im Barockstil errichtete Rathaus am rechten Ufer der jungen Aar einen genaueren Blick. Insgesamt fallen die großenteils aus der Zeit um 1700 stammenden Hofraiten des Ortskerns durch ihre ursprüngliche Geschlossenheit ins Auge.

Wir radeln an den Gebäuden eines Betriebes für Landschafts- und Gartenbau vorbei und inmitten vieler Gartenparzellen und Brennholzstapel hindurch erreichen wir die L 3376. Links jenseits des Baches, erblickt man das bereits erwähnte Rathaus, in dem sich heute das Backhaus der Gemeinde befindet. Wir überqueren nun die Landstraße, um auf dem »Heideweg« den alten Ortskern zu durchmessen. Eng aneinandergeschmiegt Reihen sich hier die Fachwerkgehöfte aneinander. Bald gabelt sich die Dorfstraße.

Das Restaurant Froschmuseum
Wenn wir den linken Abzweig wählen, gelangen wir an den Ortsrand und sehen links am Waldrand das »Haus am Walde«, welches das Restaurant »Froschmuseum« beherbergt. Der Besitzer, Herr Krauskopf, bietet eine umfangreiche Sammlung von Fröschen, aus den verschiedensten Materialien hergestellt, zur Besichtigung an. In diesem skurril anmutenden Ambiente kommt man in den Genuß einer guten Küche, die bevorzugt regionale Produkte verwendet.
Öffnungszeiten: Mo-So 12.00 Uhr – 23.00 Uhr, durchgehend warme Küche;
Kontakt: Olaf Krauskopf, Haus am Walde 1, 35644 Hohenahr-Großaltenstädten, Tel.: 06446/330

An der vorgenannten Gabelung des »Heideweges« halten wir uns rechts und passieren die Dorfgastwirtschaft »Zur Heide«. Jetzt lassen wir das Dorf hinter uns. Der »Heideweg« leitet uns ein stufenförmig ansteigendes offenes Acker- und Wiesengelände hinauf. Bei einem Reitplatz

Am Froschmuseum in Großaltstädten

unterhalb einer flachen Kuppe finden sich Reste einer Wacholderheide. Sie war für die Straßenbezeichnung namengebend. Hier gestatten wir uns einen Blick zurück. Im Norden sehen wir auf steilem Sonnhang über der Aar das Neubaugebiet von Großaltenstädten. Im Osten gibt der gerodete Hang jenseits der Aar den Blick auf die imposante Höhenburg Hohensolms frei. Unterhalb der Burg drängt sich die Thalsiedlung an den steilen Hang des Burgberges.

Wir erklimmen die letzten Meter bis auf die Höhe der flachen Heidekuppe und durchqueren eine feuchte Wiesenmulde. Erneut steigt der Weg an. Inmitten einer ohne scharfe Grenzen in den Bergwald übergehenden, von prachtvollen Tannen aufgelockerten, parkartigen Landschaft erreichen wir eine offene Schutzhütte. Ruhebänke und Picknicktische, eine Schaukel und eine Feuerstelle ducken sich in den Schutz der mächtigen Nadelbäume.

Da nun mehr als die Hälfte der Strecke hinter uns liegt und der vor uns liegende dichte Wald den schweißtreibenden Anstieg auf den Kamm des Hohensolmser Berglandes verbirgt, genießen wir bei einer Pause die idyllische Atmosphäre.

Wieder im Sattel wenden wir uns dem Waldrand zu. Kaum sind wir zwischen den Bäumen des Waldes eingetaucht, endet das Asphaltband. Auf einer Strecke von ca. 500 m steigt der Schotterweg steil an. Der Anstieg wird im niedrigsten Gang strampelnd oder das Rad schiebend zurückgelegt. Keuchend stehen wir auf der Wasserscheide, die die Aar von der mittleren Lahn und der unteren Dill trennt. Der Platz trägt den Namen »Die drei Herrensteine«, weil sich hier in vergangenen Jahrhunderten die Grenzen des hohensolmsischen, des nassauischen und des hessischen Hoheitsgebietes trafen.

Der geschäftige Lärm des dichtbesiedelten und von zahlreichen Verkehrswegen erschlossenen Dilltals dringt nun an unser Ohr. Wir befinden uns bereits im Gebiet der Kreisstadt Wetzlar.

Dem etwas versteckt angebrachten Hinweisschild des Westerwaldvereins folgt man in Richtung Asslar. Der Wanderverein hat zu Ehren seines hundertjährigen Bestehens den »Jubiläumsweg« ausgezeichnet. Auf den nächsten 400 m, die uns auf einem nach Süden ausstreichenden Sporn des Scheidegebirges entlangführen, ist Vorsicht geboten. Der Weg ist schlecht befestigt und bei nasser Witterung schlammig. Die Spurrinnen schwerer Forstfahrzeuge beeinträchtigen ein Durchkommen.

Bald gelangen wir inmitten des Buchenhochwaldes an eine Waldkreuzung. Wir schwenken links ein, um in die Waldschlucht zu unserer Linken hinabzurollen. Nachdem wir hier den »Jubiläumsweg« verlassen, dient uns zunächst eine punktförmige Wegmarkierung des Westerwaldvereins mit Richtungsanzeige der weiteren Orientierung. Doch schon am nächsten Abzweig verlassen wir diesen Wanderweg. Statt dessen folgt man dem Hauptweg talwärts. Am wasserreichen Nebenbach des

Blasbaches, der in schnellem Lauf bergab springt, gelangen wir an den Grund der Waldschlucht.

Am jenseitigen Ufer befindet sich einer der vielen **Diabassteinbrüche im Lahn-Dill-Bergland**. Auf dem noch in Nutzung befindlichen Betriebsgelände finden sich die für diese regionaltypische Industrie üblichen Steinbrecher und Laufbänder, Abraumhalden und auf den Abtransport wartenden Schotterhalden.

Nun radeln wir immer am Bach entlang, bis der Weg ihn überspringt, um in die Betriebsstraße des Steinbruchs einzumünden. Rechts einbiegend gewährt uns eine Unterführung Durchlaß. (Aus Sicherheitsgründen folgen wir dem durch ein Gitter von der Fahrbahn getrennten Fußweg durch den tunnelartigen Durchgang.) Das lichte Ende des Tunnels mündet ins Blasbachtal. Unser Weg stößt auf eine Autobahnzufahrt. Hier wird links eingebogen, um auf der Straßenbrücke den Blasbach zu überqueren und an die L 3053 zu gelangen, die ebenfalls überquert wird. Auf der gegenüberliegenden Seite treffen wir auf den in Richtung Wetzlar ausgewiesenen Radweg. Den Ufersaum des Blasbaches begleitend führt er uns durch das Blasbachtal auf den nördlichen Wetzlarer Stadtteil Hermannstein zu. Bald unterqueren wir das auf hohen Pfeilern ruhende Bauwerk der Blastalbrücke. Dort oben wälzt sich der Autoverkehr über die Sauerlandlinie vom Ruhrgebiet in die Rhein-Main-Ebene und umgekehrt.

Die Talbrücke kurz vor Hermannstein bildet für uns gleichsam das Tor in die dichtbesiedelte Industrielandschaft um Wetzlar.

Bald erheben sich zu unserer Linken die Abraumhalden der **Hermannsteiner Kalksteinbrüche**. Der der Buderusgruppe zugehörige Steinbruchbetrieb reißt eine klaffende Wunde in die Westflanke des »Simberges«. Die hier abgebauten devonischen Massenkalke dienen als Zuschlagmaterial in den Hochöfen der Buderus'schen Hütten im Wetzlarer Raum, auch für die Zementgewinnung finden sie Verwendung.

In Hermannstein verliert sich der Radweg. Durch den Ort radeln wir bis zur Ampelkreuzung an der B 277. Hier ordnet man sich links ein und radelt entlang der Dilltal-Bahnlinie auf Wetzlar zu.

Jenseits der Bahnlinie rückt ein großer Industriekomplex ins Blickfeld. Es handelt sich um die traditionsreiche **Wetzlarer Sophienhütte**. Die Kulisse rechts und links der vielbefahrenen Straße vermag nach wie vor den industriellen Charme einer Montanregion zu vermitteln. Während sich zur Rechten kleine Betriebe, Geschäfte und Bierkneipen zwischen Straße und dem dunkeldrohenden Hüttenkomplex der Sophienhütte drängen, erstrecken sich links der Straße die Werksarbeitersiedlungen von Niedergirmes bis zur Lahn. Es läßt sich lebhaft vorstellen, wie noch bis in die 70er Jahre zum Schichtwechsel die Heerschar der Metallarbeiter von den Werkstoren in die zahlreichen Bierkneipen entlang der Straße und die dahinter befindlichen Siedlungen im alten Arbeiterortsteil Niedergirmes drängten. Seit dem Niedergang der Bergbau- und Hüttenindustrie in Hessen ist es aber im Wetzlarer Industriekomplex in der Lahn-Dill-Aue deutlich ruhiger geworden.

Die türkischen Namen vieler kleinen Geschäfte und Handwerksbetriebe an der Straße weisen auf den einstmals großen Bedarf an Arbeitskräften und die Anwerbung von »Gastarbeitern« in der Zeit nach dem Zweiten Weltkrieg hin. Längst haben die Migranten in der zweiten oder gar dritten Generation in der Industrievorstadt feste Wurzeln schlagen können.

Der kombinierte Rad- und Fußweg, dem wir durch Niedergirmes nach Wetzlar folgen, ist in einem schlechten Zustand. Es scheint, als sei die Existenz von Radfahrern noch nicht sehr tief in das Bewußtsein der Wetzlarer Verkehrsplaner gedrungen. So bleibt nichts anderes übrig, als sich im Gewirr von Eisenbahnsträngen und Hochstraßen am Verlauf und der Beschilderung der Bundesstraße zu orientieren. Also folgen wir dem Hinweisschild »Stadtmitte«, um bald auf den »Buderusplatz« zu stoßen. Der »Buderusplatz« bildet die Drehscheibe zwischen dem proletarischen und hektischen Niedergirmes und der in mittelalterlicher Pracht glänzenden Altstadt Wetzlars.

Vom »Buderusplatz« aus folgen wir dem Hinweisschild auf den Dom in die »Brückenstraße«, überqueren die Lahn, die unterhalb der Brücke über das tosende Wehr stürzt, und biegen rechts in die »Hausertorstraße« ein. Diese geht bald in die »Hausergasse« über. Von ihr zweigen nach links kleine Gäßchen ab, die auf den »Domplatz« führen. Im Haus »Domplatz« 8 findet sich das Verkehrsamt der Stadt Wetzlar. Hier stellen wir unsere Räder ab und informieren uns über die Sehenswürdigkeiten der hoch über das Lahntal aufragenden Altstadt. Das Gewirr der zahlreichen Gäßchen und Treppen läßt sich am besten zu Fuß erkunden.

Kontakte: Verkehrsamt der Stadt Wetzlar, Domplatz 8, 35573 Wetzlar, Tel.: 06441/ 99-338

Literatur

Beimborn, Anneliese: Wandlungen der dörflichen Gemeinschaft im Hessischen Hinterland; Marburg, 1959
Brämer, Rainer: Salzquellen im Salzbödetal; Cölbe, 1995
Debus, Günter: Geschichten aus unsrem Dorf. Gönnern 1296-1996; Dillenburg, 1996
Dehio, Georg: Handbuch der Deutschen Kunstdenkmäler – Hessen; München, 1982
Georg, Rolf et al.: Eisenerzbergbau in Hessen; Wetzlar, 1986
Havenstein, Heike/Müller, Wolfgang: Kultur und Freizeitführer Bad Endbach; 1997
Hessisches Ministerium für Landwirtschaft, Forsten und Naturschutz (Hrsg.): Wald in Hessen; Wiesbaden, 1987
Hinterländer Geschichtsblätter (Jg. 43), darin: Stoppel, Dieter: Die alten Bergwerke des Hinterlandes; Biedenkopf, März 1964
Horst, Alfred: Chronik von Lohra; Marburg, 1970
Huth, Karl: Gladenbach eine Stadt im Wandel der Jahrhunderte; Gladenbach, 1974
Huth, Karl: Die Gemeinde Angelburg; Angelburg, 1988
Konold (Hrsg.): Naturlandschaft – Kulturlandschaft; Landsberg, 1996
Landesforstverwaltung NRW: Bilder aus dem Hauberg; Düsseldorf, 1995
Müller, Anton: Weipoltshausen; Marburg 1973
Münzer, Lutz: Radtouren um Marburg und im Hinterland; Marburg, 1997
Naturschutz-Zentrum Hessen e.V.: Köstlichkeiten aus heimischem Streuobst; Wetzlar, 1989
Naturschutz-Zentrum Hessen e.V.: Lebensraum Feldholzinsel; Wetzlar 1993

Naturschutz-Zentrum Hessen e.V.: Lebensraum Buchenwald; Wetzlar, 1995

Pletsch, Alfred: Marburg; Marburg, 1990

Pott, Richard: Vegetationsgeschichtliche und pflanzensoziologische Untersuchungen zur Niederwaldwirtschaft in Westfalen; Münster, 1985

Quarta, Hubert-Georg: Sagen und Spukgeschichten aus Stadt und Land Dillenburg; Dillenburg-Eibach, 1976

Reuling, Ulrich: Historisches Ortslexikon des Landes Hessen, Heft 4, Biedenkopf ehemaliger Landkreis; Marburg, 1986

Reuling, Ulrich: Historisches Ortslexikon des Landes Hessen, Heft 3 – Marburg; Marburg, 1979

Roth, Hermann Josef: Siegerland, Westerwald, Lahn und Taunus; Stuttgart, 1983

Röther, Marion: Formen und Funktionen der Nebenerwerbslandwirtschaft im Marburger Hinterland; Diss. Marburg, 1995

Runzheimer, J. u. Blume, D.: Gladenbach und Schloß Blankenstein; Marburg, 1987

Schott C. et al. (Hrsg.): Marburg und Umgebung; Marburg, 1967

Schulze, Willi u. Uhlig, Harald.: Gießener geographischer Exkursionsführer Band I-II; Gießen, 1982

Stadt Herborn: Tausendjähriges Herborn; Herborn, 1959

Stoppel, Dieter: Auf Erzsuche; Haltern, 1988

Verlagsbeilage Hinterländer Anzeiger: Dorferneuerung in Lohra; September 1998

Wirtz, Leonhard: Wanderführer Bad Endbach; 1996

Bad Endbach
im Lahn-Dill-Bergland

Ein ideales Ziel für alle, die in der Natur etwas erleben wollen, ist das Kneipp-Heilbad im Lahn-Dill-Bergland. Im Schnittpunkt der Städte Marburg, Wetzlar und Herborn liegt Bad Endbach an den Ausläufern des Rothaargebirges auf einer Höhe zwischen 300 und 500 m ü. NN. Unbelastete Luft und Natur pur erwarten Sie hier. Ausgearbeitete Radtouren laden ein, die Region auf einem Drahtesel zu erkunden. Und am Ende eines Radeltages können Sie in der Bade- und Saunalandschaft mit Innen- und Außenbecken, Dampfbad und Solarien wieder Energie für den nächsten Ausflug tanken!

Radelwochenende im Lahn-Dill-Bergland schon ab 135,- DM

Entspannung und Radelerlebnis pur mit folgenden Leistungen schon ab 135,- DM pro Person:

2 Übernachtungen in einem gemütlichen Du/WC-Zimmer inklusive Frühstück
1 Besuch der Bade- und Saunalandschaft
1 Leihfahrrad
1 Begrüßungstrunk
Ortsübliche Kurtaxe

Auf Wunsch stellen Ihnen die Mitarbeiterinnen der Kurverwaltung Ihr individuelles Erlebniswochenende zusammen.

Information:
Kurverwaltung Bad Endbach
Herborner Str. 1
35080 Bad Endbach
Tel.: 02776/ 801-13
Fax: 1042
e-mail: bad-endbach@hotline.net
internet: www.bad-endbach.de

Kostenloser Bargeldservice bei Tag und Nacht !

56 mal in der Region

Wo immer Sie sich im
Landkreis Marburg-Biedenkopf
auch befinden - einer unserer
EC-Geldautomaten
ist in immer in Ihrer Nähe.

Battenberg • • Frankenberg
• Ernsthausen
• Münchhausen
• Bad Laasphe • Wallau
• Biedenkopf   • Wetter
• Breidenbach   • Rauschenberg
• Goßfelden
• Sterzhausen
• Dautphe   • Cölbe
• Caldern   • Wehrda   Neustadt
• Niedereisenhausen   • • Stadtallendorf
• Holzhausen Elnhausen • Marburg • Großseelheim • Kirchhain
Niederklein
• Gladenbach   • Roßdorf
• Weidenhausen   • • Cappel   • Rauisch-
• Hartenrod   holzhsn.
• Bad Endbach   • Niederweimar
• Ebsdorf
• Lohra   • Dreihausen
• Niederwalgern
• Oberofleiden
• Bischoffen   • Homberg/Ohm
• Niederweidbach   • Fronhausen
• Neuhaus

Ⓥ ⓧ   Volksbanken - Raiffeisenbanken

mit über 150 Bankstellen in der Region

Marburg-Biedenkopf

an der oberen Lahn bieg mal ab...

Mittelalterliches Ambiente und gewachsene Traditionen, verträumte Fachwerkdörfer in herrlicher Landschaft, die weltoffene, lebendige Universitätsstadt Marburg mit ihrer bunten Kulturszene - dies und noch viel mehr zeichnet das Urlaubsland Marburg-Biedenkopf aus.
Entdecken Sie die waldreiche Region im Herzen Deutschlands.

Aus welchem Grund Sie auch hierher kommen - wir glauben, daß Sie sich wohlfühlen. Anregendes und Entspannendes, Kultur und Natur, Land-Idylle und Stadt-Flair, Kulinarisches und Hausgemachtes werden Sie verwöhnen.

Übrigens: Für Radwander-Urlauber halten wir spezielle Pauschalprogramme bereit. Für die Vorbereitung einer Individualtour können Sie über unsere Geschäftsstelle Topographische Karten und Streckenbeschreibungen beziehen.

INFO:

Fremdenverkehrsverband Marburg-Biedenkopf e.V.
Im Lichtenholz 60, 35043 Marburg
Tel. (0 64 21) 405-381 + -382, Fax 405-500